顧客をつかんで離さない D2Cの教科書

DIRECT TO CONSUMER

角間実
KAKUMA MINORU

フォレスト出版

はじめに

「最近、D2Cって言葉をよく聞くけど、これまでの通販と何が違うの？」
「D2Cってブランディングとかの難しい話でしょ」
「製造直販という言葉を英語で言い換えただけ」

本書はこのように考えるあなたに**「D2Cとは誰にでもできる〝新しい売り方〟だ」**とご理解いただくための本です。

話題の**D2C（Direct to Consumer）**という新しい売り方は今も変化をし続けています。D2Cモデルで語られる「ネット通販への応用」は第一波にすぎません。D2Cはすべての経済活動のモデルになると言われています。

本書はネット通販を主題としていますが、ぜひご自身の業界の話として読んでみてください。

ところで、近年オープンするネットストアに、ある傾向が顕著になってきました。それは**「売れるストアは、オープン前から売り切れている」**ことです。

これらのストアも表面だけ見ると、「あらかじめインフルエンサーが紹介したから」「ネットで話題になったから」と考えられがちですが、ネットで非常に大きく話題になった商品でも、全く売れないケースは数多く存在します。

そんななか、成功する企業群に名前が付きました。

それが「D２C」です。

ところが、D２Cは英単語での認知が確定したため、「自分たちでもすぐできる簡単な方法」ではなく、「どこか小難しいブランディング方法」「(一部では）そもそも意味がないバズワード」として考えられてきました。

そこで第1章では、多くのD2C企業を一歩抜け、新たな体験や価値を創出し続ける話題のブランド4社にロングインタビューを行い、成功のポイントはどこにあったのか、非常に濃い内容の取材を行いました。

彼らが培った生々しい現場の経験と知恵の数々は、本書の目玉といえます。

第2章以降では、そんなD2Cをひも解き、これまでの売り方と何が違うのかという点から始まり、強いD2Cブランドの具体的な作り方まで解説をしていきます。

D2Cは新しい売り方ですが、全てが目新しいものではありません。多くの施策は昔からあるものの改善や、それをインターネット上で実現したものが多いです。

ところが、なぜいま改めてD2C的な売り方が浸透しているのでしょうか。

それは「消費者の動向・志向」が変わったからです。

新しい売り方が浸透すると同時に、アパレル業界など、これまでと同じ売り方をしている企業が苦境に立たされる時代が到来しました。

筆者は以前からD２C企業と触れ合う機会が多かったのですが、どうしても「通販に限った話ではないか」という固定概念が抜けませんでした。

ところが、本書の執筆や取材を通してわかってきたことがあります。

それは**「世の中のすべてのビジネスモデルのD２C化が進む」**ということです。

本書を手に取っていただき、一人でも多くの方がD２Cの全貌を捉え、ご自身のビジネスに役立てていただければ幸いです。

『顧客をつかんで離さないD2Cの教科書』もくじ

第1章

ロング
インタビュー

躍進するD2Cブランドの舞台裏

第2章 「D2C」とは?

第3章 海外で本格化する D2Cの波がやってきた

第4章 これからチャレンジするならD2C

第5章 成功するD2C企業の作り方

ブックデザイン　喜來詩織（エントツ）
図版制作　ファミリーマガジン
DTP　キャップス
執筆協力・撮影　塚越雅之（TIDY）
編集協力　五十嵐裕樹

第1章

ロングインタビュー

躍進するD2Cブランドの舞台裏

小柄女子の救世主ブランド「COHINA」

小柄女子にも「選択肢」を。
大学生インターンが立ち上げた
“自分ごと”ブランド。

株式会社 newn
COHINA 共同創業者・ディレクター
田中絢子（たなか・あやこ）

聞き手：角間実

COHINA（コヒナ）が扱う商品は身長155センチ以下の女性のための服。ブランドを立ち上げた田中氏は、立ち上げ当時大学生のインターンだった。自身も小柄女子である田中氏。自分ごととしてインスタライブを配信したことが、熱心なファンの獲得につながった。「一人でも多くの小柄女性にぴったり合う服を着てほしい」という想い。それを実現するための最適解がD2Cだった。

COHINA
for under 155cm

COHINA
About News Blog Help Contact Login
すべてのアイテム COHINA DENIM トップス アウター パンツ スカート ワンピース セットアップ シューズ 小物 ギフトカード
初めてのCOHINA
デビューガイド
New ARRIVAL
OHINA DENIM
なたにピッタリサイズをお届け

大学生のインターン時代にブランドを立ち上げ。ブランドの原点は「自分が着たい服」だった。

角間　**COHINAは創業わずか1年半で月商5000万円を達成したブランド**として話題になりましたが、まずはCOHINAがどのようなブランドか教えてください。

POINT

田中　COHINAは身長155センチ以下の小柄女性のためのアパレルブランドです。Instagramなどの SNSを使った販売が特徴で、**1年間365日毎日インスタライブを続けています**。それをきっかけに購入したというお客さまが多く、いわゆるお客さまと販売者の距離が近いD2Cという形を取りながら、オンラインのみで販売をしています。

POINT

角間　〈155センチ以下〉にされた理由を教えてください。

田中　市場的な意味と私の個人的なストーリーの2つがあります。

　まず市場としては、意外と小柄女性は多く、日本人の平均身長が女性で157センチですから、155センチ以下だと20パーセントくらいはいる計算になります。このようにすごく明確なパイがあるにもかかわらず、これまでこの層をターゲットにしたプロダクトが全くなかったのです。

　一方の個人的な話としては、私自身の身長が148センチで、本当に洋服で困っていました。ユニクロのSサイズすら大き過ぎ。丈直しだけで2000円や3000円もかかるという切実な悩みがあったのです。

角間　ほとんどフリース1枚分の値段ですよね。

田中　そうなんです。デザイン面でもあまり楽しみきれない。レディースの服は裾のほうにデザインのあるものが多いのですが、それを丈直しで切ってしまうと、肝心のそのデザインがなくなってしまうんです。

角間　それって商品としても台無しですよね。

田中　令和の今、「パーソナライゼーション」や「個の時代」などと言われているのに、「自分の身長」という自分が選んだわけでもない身体的な特徴で、自分を表現する手段や楽しみを制限されるのは、すごく今っぽくないというか、絶対あってはいけないことだという気持ちが強くあって……。**自分がそうした課題の主体者だからこそ、他の人と一緒にこの課題を共有しながら、解決に向かって進んでいけるようなプロダクトを作りたい**と思うようになったんです。

POINT

角間　具体的にはどのような経緯でこのブランドを立ち上げたのですか？

田中　COHINAは弊社にとってKinemaという化粧水ブランドに続く2つ目の事業なのですが、私がインターン生として入った時に立ち上げました。

角間　インターンということはまだ大学生ですよね。すごい。

田中　これは本当にラッキーだったんですけど、ちょうど入った時がKinemaの立ち上げの時で、最初のプロダクトを担当していた先輩について、開発時のユーザーのヒアリングやインスタを使ったマーケティングなどを、一通り経験させてもらったんです。

角間　インターン冥利につきますね。

小林　はい。インターン生も他にまだいなくて、社員もほとんどいないような状態だったので、事業の立ち上げやブランドができ上がっていくまでを一通り見られるポジションでいられたのは、すごく面白い経験でした。だからこそ後に、自分でも何かやりたいと思ったのです。

角間　もともと起業したいという気持ちはあったのですか？

田中　そうですね。でも大学生のときは、ブランドの作り方もわからないですし、売り方も当然わからなくて、「何か作りたいけど、よくわからない」で終わってしまっていました。それが、Ｋｉｎｅｍａと出会い、「自分でも作れるんだ」ということに気づき、「じゃあやろう」となった感じですね。

角間　なるほど。Kinemaをやっていて、どの時点で「自分でもできるんじゃないか」と思ったのでしょうか？

田中　いえ、成功できると思ったことは正直一度もないのですが、販促ツールが自分でも理解できるものだったのが大きいです。それこそ、Instagram、Shopify、BASEなどは自分も少し触っていたことがあったので、なんとなくですけど「理解できなくないな」と。

角間　逆の言い方をすると「なんとなく、できそうだな」と。

POINT

田中　そうですね。**売り方のイメージが早めについた**という部分では、踏み切りやすかったです。

角間　Ｄ２Ｃブランドで起業する人が普通は最後の方に感じることを、結構早めに気づいたという感じですね。

田中　そうかもしれません。売り方が分かっている前提じゃないと何も作りたくないと思っていたので。

角間　なるほど。本当に質が高くて、結果も得られた、よいインターン経験でしたね。インターンとして入ってＣＯＨＩＮＡを立ち上げるまでどれくらいかかったのですか？

田中　インターンとして入ったのが６月で、ＣＯＨＩＮＡを立ち上げたのは同じ年の８月か９月です。

角間　２ヵ月くらいということですか？

田中　はい。うちの会社ではそれくらいのスピード感が当たり前で、早めに早めにという動き方は、インターン時代に身についた習性です。

角間　ＣＯＨＩＮＡというブランドをやろうとなったのは田中さんご自身ですか？　それとも社長から指示を受けたとか？

田中　自分主体です。私ともう一人共同創業者の子がいて、その子と2人で「何か始めたいね」とずっと言っていました。いくつか考えたんですが、やはり「自分自身の体験に基づくものがいい」というのが一番強くありました。それにプラスして、「他の人も欲しいもの」という2つの軸が固まりました。

角間　なるほど。

田中　世の中にはすでに商品がたくさんあるわけですから、わざわざ新しく作るのなら今までにないものじゃないと意味がないというか、誰にも必要とされていない物を作っても結局ゴミになるだけ。それはイケてないと思ったので、**世の中から必要とされていて、かつ自分自身がわかるもの、共感できるもの**ということで選びました。

POINT

正式オープンの前にインスタライブを配信。フォロワー数よりフォロワーの「密度」のほうが大事。

角間　インスタライブを1年365日、毎日続けているそうですが、どういうきっかけで始めたのですか？

田中　最初は自分たちでパターンも全部手で切って、梱包もしてという状態だったのですが、何かができあがるワクワク感を皆と一緒に楽しみたい、知ってもらいたいという気持ちが強かったです。

うちのような小規模なブランドとなると、他に手段がなく、まさかいきなりテレビで取り上げてもらえるわけでもありませんし、ブログを書くのも相当な時間がかかる。本にまとめるのも当然難しいということで、**たまたま手軽にとれる告知の手段として目の前にあったのがインスタライブだった**というわけです。

POINT

角間　初日はどれくらいのお客さまが観たのですか？

田中　実は初期は1人だけしか観てくれない日もありました。

角間　1人ですか？

田中　お客様1人に対して配信側が2人という、効率の悪すぎる発信でした（笑）

角間　それが今は何人ですか？

田中　多い時で500人（アーカイブだと1～2万人）です。

POINT

角間　**そういう状況からここまで成長できたというのは、ある意味同じことが誰にでも可能であるということですから夢が広がります。**成功の秘訣は何だと思いますか？

田中　とにかく毎日続けたというのが一番大きいことではあるのですが……やはり見ていて面白かったからかな。

角間　面白かったというのは？

田中　共感してもらえた結果、長く興味を持ってもらえたというのは確かだと思います。148センチと151センチの小柄女性の当事者2人が始めたので、お客さまサイドもまるで自分の友達が何かを始めたかのような感覚で、これからどうなっていくんだろうというワクワク感や、自分も応援したいという気持ち、つまり**同じ目線になってくれたからこそ、一過性じゃない親近感を醸成できた**のかなと思います。

POINT

角間　まさにD2Cの王道の流れですね。ユーザーの伸び率という部分ではどんな感じですか？

田中　2020年だけ見ると、TGC（東京ガールズコレクション）に出たり、高橋愛さんなどのタレントを起用したり、いくつか波はあったのですが、顧客基盤の伸び方としては本当に積み上がって積み上がって……という感じです。

角間　時系列を確認しておきたいのですが、創業が何年ですか？

田中　2018年の1月が正式オープンです。

角間　その時はもうインスタライブはされていたのですか？

田中　はい、やっていました。実はブランドが決まったのは2017年の10月で、その頃から少しだけアイテムの販売もしていて、インスタライブもしていました。ロゴを完全に決めて、商品ページを整えて、商品数も増やして、ちゃんと皆様にお見せできる状態でオープンしたのが、2018年1月でした。

角間　では、正式なローンチの3ヵ月も前からインスタライブをしていたというわけですか？

田中　そうですね。当初はやらない日もあったので、そこから365日ではないのですが、始めたのは本当に創業当初からという感じです。

角間　商品の販売前から熱烈なファンを作るというのが、D2C成功の一つのキーなのですが、インスタライブの開始から3ヵ月後の正式オープンというのは、何か目安があってのことですか？

田中　いえ、本当に結果論です。3ヵ月と決めていたわけではなく、単純に商品を増やすのにそれくらいかかったということです。ですから、お客さまの基盤ができたからというより、私たちのオペレーションが整ったという理由にすぎません。

角間　逆にこれくらいファンができたらスタートしようという始め方は、あまりおすすめしないですか？

田中　おすすめしないというか、そうした目標数はなくてもよいと思っています。ただし、参考として私たちの実例を挙げますと、幸いなことに発売した初日から購入者がいました。当時はフォロワーが1000〜2000人ぐらいでした。**フォロワー1000人って、ある意味、そんなに難しい数字ではないとは思うのですが、それでもその1000人の密度が濃ければ、ちゃんと売れるん**だというのは実感しました。

POINT

角間　密度ですね。やはり。

田中　**仮にフォロワーが500人でも「密度」さえ濃ければ初日から売れると思います。**

POINT

インスタライブは実店舗と同じ。毎日やることに意味がある。

角間　インスタライブは最初から毎日やると決めてやられたんですか？

田中　いえ。途中でやめられなくなったというのが正直なところです。「ここまで続けてきたんだから、最後までやりたいよね」という感じで、365日を目指すことになったんです。やっていく中で「やればやるほど確実によい結果が出る」という感覚もつかんできました。実店舗でいうと毎日お店を開いている感じですね。

角間　なるほど。

田中　ライブをやっているとお客さまと接することができますし、お客さまとしても話す場所があるというか、ひいきのお店に行くような感じだと思うので、インスタライブをやっていないと「今日はお店クローズかな」みたいに思われるんじゃないかと心配になります。

角間　ECサイトを見に行くのではなく、まずインスタライブを見に行こうと。

田中　そうですね。

角間　1回のライブはどのぐらいの時間やるんでしょうか？

田中　お店の営業時間が長ければ長いほど、当然売上も上がるということにも気づいて、時には1日2回やってみたこともありますし、1時間ではなく2時間やってみたという日もあります。色々な形式でインスタライブを試してみて、**「1時間でも毎日やったほうがよい」というのが私たちの結論です。**

POINT

角間　とはいえ、簡単なものじゃないですよね、毎日やるのは。

田中　大変ですね。本当に大変でした。

角間　アパレル業界では初めてのことですか？

田中　そうだと思います。最初のほうは私も毎日出ていたので大変だったのですが、今は交代でやっていますし、うちのインスタライブは、台本なども一切なく、出演してくれているライバーさんが言いたいことを言う自由な形式でやっているので、正直管理コストも高くなく、熱量のある出演者がいればしっかり回るという感じです。

角間　さすがライブ配信ブームの先端を走っていたブランドですね。

田中　ライブ配信は本当に早かったと思います。最近やり始めた企業でも、毎日やっているところは少なくて、その意味で習慣化されたというか、「COHINAって毎日ライブやってるよね」と思ってくれるようになったのはすごく大きかったと思います。

「当事者意識」がすべてにおける推進力。その結果みつけた鉱脈が「低身長向け女子アパレル」だった。

角間　今回のインタビューの一番の核心をお聞きします。御社のビジネスモデルを表層的にとらえると〈低身長の方のニーズに応えたECサイト〉ということになるのですが、その深層にある哲学というか、小さい服を売ることによって何かを変えたい、こんな世界を作りたいという思想はありますか？

田中　そうですね。TGC（東京ガールズコレクション）に出たときもすごく再確認したのですが、やはりニッチをニッチで終わらせたくない。「ニッチで当たり前」という世界にしたいと考えています。

角間　「ニッチで当たり前」とは、どういう意味ですか？

田中　**パイとしては少ない人たちがに当たり前に暮らせる世界**というか。

どんな人にも何かしら「平均から外れてしまう要素」があると思うんです。私の場合は身長ですが、ある人は体重かもしれない、LGBTの方のように性別かもしれない。もしくは地方とか都市とか住む場所の違いかもしれない。そうした何かしらの生きづらさや、世間にはまりきらない感覚が誰にでもきっ

POINT

とあると思うんです。

でも、それも含めて「今だよね、自分だよね」という感覚。色々な情報を共有しあって個々に感情や分類があると分かっている時代だからこそ、そのジャンルの人たちで集まればちゃんと一つのカテゴリとして成立するよねということを、うちのブランドを通してアピールしたいんです。そういう「個性」があって当たり前なんだ、と。

角間　なるほど。

田中　TGCもそれまでは身長の高いモデルさんがかっこよく歩く場所で、155センチ以下の一般人がランウェイを歩くなんて絶対的にありえないことだったのに、今回オフィシャル出店ブランドとして認められたわけですからね。

そうした一つの個性が当たり前になっていく状況が世の中的にも来ているはずで、それをぜひうちが表現して、第一人者として切り開いていければ、もっと生きやすい人が増えるんじゃないかと願ってやっています。

東京ガールズコレクション（TGC）は、〝日本のガールズカルチャーを世界へ〟をコンセプトに、2005年8月から年2回開催されている史上最大級のファッションフェスタ。31回目の開催となる2020年にCOHINAがブランド初となるランウェイ形式でのコレクションを発表。小柄女性向けをコンセプトとしたブランドの参加事例はなく、初の試みとなった。

角間　素晴らしい考えです。

田中　売り方にもちょっとこだわりたい部分があります。大量生産、大量消費ではなく、「ちゃんと届ける」というのをどんどんやりたい。それはECであることをはじめ、インスタライブを毎日やっているという特徴にもぴったりマッチしているというか、COHINAだからこそできるという想いがあります。

角間　商品自体に対するこだわりはありますか？

田中　はい。デザイン面と品質面でそれぞれあります。

　デザイン面では、やはり小柄女子のためのデザインというのは他に絶対ないということ。**大きい服をそのまま小さくしたら小柄女子向けの服になるかというとそうではない。**小柄女子ならではの、体型をきれいに見せる服、ウエストの切り替え位置を高くするとか、シルエットをちょっと細身に作るとか、そうした細かなこだわりをデザインに散りばめるというのは、特に大手さんではなかなかできないはずです。

POINT

角間　ちなみに、年齢で対象を区切っていらっしゃる

んですか？

田中　明確には区切っていないのですが、結果からいうと、大体私の世代である20代後半から30代前半の方が一番多いですね。COHINAの服は結構ベーシックで、すごく尖ったデザインのものはあまり多くありませんが、**そういう服こそ小柄女子向けがこれまでなかったんです。**

POINT

以前は子ども服を買っていたりしたんですけど、子ども服ってやはりあくまでも子ども向けなので、大人っぽく見えないんですよね。高級百貨店には小さい人向けのサイズはあるのですが、逆にカチッとしたビジネスシーン向けのジャケットやパンツしかない。**20〜30代の小柄女性がリアルに着たい服がこれまでなかったんです。**

POINT

角間　その鉱脈を掘り当てたんですね。

田中　だから、まずはベーシックなアイテムを展開することで、そういう人たちのコーディネートに役立ててもらいたいという想いがあります。

角間　ゆくゆくは10代向けや40代向けも手がける予定ですか？

田中　そうですね。できるとは思っています。具体的にまだ何も決めてはいないのですが、洋服にシンプルさを求める方が多いので、デザイン的にはそこをベースに、もっと若い人向けラインや、40～50代のミセス向けラインも可能性としてはあるかなと思っています。

角間　インスタライブという方法論からすると、10代向けから作るほうが順当な気がするのですが、そこはやはり当事者意識の問題でしょうか？

田中　そうだと思います。私自身が10代の子の気持ちを分かりきれないというのもありました。そこは私自身のエゴというか、自分がリアルに想像できる服に最初はしたいと考えました。やはり、**熱量を伝えきるという点で、私が心から可愛いと思える服じゃないと売れない、売りたくないという気持ちがありました。**

POINT

角間　やはり〈当事者〉ということが大事なんですね。

ファンの意見を取り入れ、適正価格で欲しいものを届ける。

角間　商品のこだわり、もう一つの「品質」について教えてください。

田中　COHINAはOEMのメーカーさんと一緒に生産をしているのですが、うまく関係を築けているのが大きいと思っています。特に今回のコロナ禍では、

「これしかキャパないけど優先的に入れますね」とか言ってもらえているのでありがたいです。ＯＥＭメーカーさんとはスタートから一緒にタッグを組んで、無理を押しつけない、一緒に成長していくつもりでお互いにやってきました。

角間　それが普段からの安定した供給やクオリティーにもつながるということですか？

田中　はい。そういうところで苦労しているＤ２Ｃ企業が多いようなので、これからもこだわっていきたいです。

角間　コストパフォーマンスという文脈だと、Ｄ２Ｃは中間コストがかかりづらいので、その分を製品にフィードバックできる。だから同じような商品、同じような価格でも品質が高い。逆に言えば価格を下げられるということがあると思うのですが、その点はいかがですか？

田中　うちみたいな小さい規模のブランドの場合、ある程度のロットがないと結局原価が高くつきますし、しかも日本のアパレルのように四季があって、かつトレンドがある市場だと、ロットは大きくはならないですから、規模の勝負には出づらいですね。

角間　なるほど。アパレルだと〈ワークマン方式〉が一番なんですよね。同じ在庫で年中大ロットでやるという。でも、どう考えてもＣＯＨＩＮＡというブランドにはそぐわない。

〈ワークマン方式〉とは、計画的に大量生産することで原価を抑えていることに加え、一般的なアパレルメーカーより商品のサイクルが圧倒的に長いため、セールをする必要がなく安価で提供できるモデル。トレンド・季節感を重視する一般的なアパレルメーカーは、時期が少しでも古くなるとすぐにセールをしなければならないが、ワークマンは機能性重視の作業着のため、次のシーズンだけでなく翌年も販売することが可能。そのためセールをする必要がなく、品質向上にコストをかけられ、

―高品質な商品を低価格で生産できる。

田中　そうですね。だから「他社に比べてすごく安いです」なんて言うつもりは全くありません。適正な価格かと。

角間　ハンディキャッパー向け商品のように、ニッチ市場で小ロットだから高くて当然という文脈もありますが、それに甘んじることなく適正価格を維持して、メーカーにもお客様にも損をさせないというのは、まさに哲学的ですね。

ちょっと漠然とした質問をさせてください。D2Cにおいては、「共感」ということがキーワードなるのですが、そのために心がけていることは何かありますか？

POINT

田中　**「ファンを作ろう」と思いすぎないほうがよい**とは思っています。

角間　スターとファンのような上下関係ではなく、友達を作る感覚に近いということですか？

田中　それに近いです。気軽に話しかけて、相手が何が好きなのかを理解して、悩みがあれば相談も受けて、こちらも近況報告して……という。

角間　完全に友達ですね。夜中に電話している友人みたいな感覚かな。

POINT

田中　**「いつでも声かけてね」みたいな関係をオンラインでいかに築いていくかが重要**だと思います。

角間　あえて「ゆるさ」みたいなものは意識していますか？

田中　等身大でいようという気持ちはあります。というか逆に、等身大でやるしかなかったというのが本音かもしれません。立ち上げ初期はクリエイティブに投資するだけの予算もないですから、まずは自分たちのありのままの姿を見せて、それでも納得してくれた人にまず購入してもらうというスタンスのほうが自然でした。

仮に予算があったとしても、クリエイティブでガチガチに固めていくのではなく、ちゃんと自分たちの言葉で想いを伝えて買ってもらうという方が私たちには合っています。

角間　そうした良い意味での友達感覚でつかんだお客さまの声というのは、具体的に商品に反映させていますか？

田中　毎シーズンごとにお客さまとの共同開発のような形で商品を作っています。最近だと、うちのライブに出演しているライバーが書いた文字の刺しゅう入りスウェットを出しました。そのときにカラーやどんな文言を書くかも、お客さまと共有しました。**そうした共同開発プロダクト商品は今後も定期的に出していく方針です。**その際はインスタライブをフル活用しています。

POINT

角間　共同開発プロダクトは絶対に気になりますよね。「私の意見は取り入れられたかな？」って。

田中　そうなんです。共同開発プロダクトはお客さまからの注目度がすごく高いです。ここまで大掛かりではなく、小さなアンケート程度でしたら普段からやっています。

角間　例えばどんなことを？

田中　今夜も次の春に作るパンプスについて、Instagramのストーリー機能でヒアリングする予定です。（スマホの写真を見せて）この左の靴と右の靴はつま先の形が違うんです。こっちは少し尖っていて、こっちは丸い。これをお客さまに「右と左どっちがいい？」と聞いて、その結果に従って形を決めようかと思っています。

角間　それは面白いですね。自分が答えた通りになったら嬉しくて買っちゃいますよね。ラジオのリクエスト募集で取り上げてくれたみたいな。

田中　確かに。ラジオのＤＪとリスナーさんの関係に近いかもしれません。

自分たちの世界観より小柄女子の「利便性」を最優先したい。

角間　ところで、他のブランドからコラボの打診などはないですか？

田中　たまにお声がけいただきます。そのブランドの定番商品を小さいサイズで出しませんかといった依頼です。COHINAは「小ささ」の代名詞のような感じになっているので、私たちも前向きにやっていきたいと思っています。

角間　やはり大手企業ですか？

田中　大手さんもロットの問題など色々あって、スムーズにいかなそうですが、たまにお声がけはいただいているので、いつかはやりたいです。

角間　大手企業と組むことで自分たちの世界観が崩れるなど、そういう危惧《きぐ》はありませんか？

田中　誰が売っているのか分からないような流通形態に落とし込まれたりすると、せっかく**「人の顔が見えるブランド」**としてやっているのでもったいないなとは思いますが、あくまで私たちは「小柄女子に色々な選択肢を提供する」ために活動しているので、ちゃんとブランド名やブランドコンセプトが伝われば、ぜひやってみたいです。

POINT

角間　「小柄女子の利便性が第一」ということですね。

田中　はい。選択肢を増やすのが最優先なので。

角間　となると、あまり「世界観」を前面に出すつもりはないということですか？

田中　うちの世界観が好きというより、まずは「ぴったりサイズの服を着る喜び」を知ってほしいのです。もちろん世界観を好きになっていただくに越したことはないですが。

角間　受け取り手次第だと。

田中　そうですね。ただし、**小柄女子のコンプレックスを刺激するような打ち出し方や見せ方は絶対にしない**というポリシーはあります。

POINT

角間　小さい服を「コンプレックス商材」にしないことが命題なんですね？

田中　はい。おっしゃる通りです。**よくある「大きい服専門店」のような感じではなく、ごく普通にそこに存在するという世界観を大事にしたいです。**「だって私小さいんだから当たり前じゃん」という感覚を持ってもらいたいんです。

POINT

角間　そのための布石でもあるのでしょうか。2020年11月に打った地域限定のテレビCMの反響はいかがですか？

田中　認知度は明確に上がりました。サイトへの流入もかなり増えてきているので、やはり小柄女子向けブランドは一定のニーズがあるとの確証を得ました。

角間　マスメディアですから、小柄女子ではない80%の方がターゲットになってしまう面もあると思います。もしかしたらその80%の方向けのメッセージもCMに含んでいたりしますか？

田中　小柄女子もやはり社会の中で生きているので、まずはそういうブランドがあるということを社会に認めてもらう、市場への認知を作っていくということは大切だと思っています。私は大きくないですけど、大きい人向けのブランドがあることを知っているように、**世の中にある一つのカテゴリとしての認知をまずは作りたい。**

POINT

角間　認知されることで具体的なメリットはありそうですか？

田中　例えば男性が背の低い彼女にプレゼントしたり、友達同士で買い物に行く時でも、平均身長の子が小柄な子に「そういえばこんなブランドあるよ」と教えてくれたりするだけでも、すごく嬉しいです。小柄なことが武器になるとまでは言いませんが、小柄女子であることを個性として捉えてもらえる一因になればという感じですね。

COHINAの服をきっかけに自然発生的にコミュニティが生まれてきた。

角間　ポップアップストアはされていますか？

田中　月に1回くらいのペースでやっていたのですが、このコロナ禍でストップしている状況です。

角間　ポップアップストアをしようと思った理由は何ですか？

田中　直接お客さまの顔を見たいですし、お客さまもその方が満足できると思うからです。やはりオンラインだけだと、お客さまが普段どんな服を着ているのか、あるいは年齢、実際の身長などの情報は得られないですからね。

お客さまにとっても実際に試着できることと、ライバーさんと直接話せることがすごく大きいみたいです。ライバーのシフトが変わるたびに、それこそ1日3回くらい遊びに来てくれるようなお客さまもいたりします。

角間　もうファン中のファンですね。

田中　そうですね。オンラインにしろオフラインにしろ、そうした人が前面に立つからこその購買行動があるのだなと思います。

角間　さらにファンを増やしていくための施策や仕組みはありますか？

田中　私たちが仕掛けたわけではないのですが、お客さま同士の非公式ＬＩＮＥグループがあります。お客さま同士がすごく深くつながっている状況です。

POINT

角間　**自然発生的なコミュニティ**ですか。

田中　本当に自然発生で、私たちもびっくりしたんですが、インスタライブを観ているうちにお客さま同士が連絡を取り合うようになって、最初はInstagramのＤＭなんですが、徐々に仲良くなるとＬＩＮＥの交換になって、やがてＬＩＮＥグループができて、そこで日々会話をしているうちに「実際に会いたいね」となって、オフ会が発生したりとか――。

角間　流れとして最高ですね。

田中　私たちもびっくりしました。「今日はCOHINAのオフ会しました」とかお客さまに言われて、そんなこと1ミリも知らなかったので。お客さま同士でうちのポップアップストアに来てくださったり、COHINAのコーディネートでディズニーランドに行ってくださったりしてますからね。

角間　熱量の高い人が新しく周りの人を連れて来る好循環ですね。

田中　やはり共通の悩みや、「服」という身近なものが間にあると仲良くなりやすいのだと思います。お客さまにもすごく言われます。**「COHINAの洋服も好きだけど、何より感謝しているのはCOHINAの服をきっかけに友達がす**

POINT

ごく増えたこと」だ、と。作り手として、そこまではちょっと想像していませんでした。

角間　インスタライブ以外に、ＣＯＨＩＮＡというブランドを広める施策は何かされましたか？

田中　やはり大きかったのはＴＧＣ（東京ガールズコレクション）の参加ですね。当時はマスに向けて発信することがなかったので、すごく珍しかったし、効果もあったと思います。

角間　仮にですが、ＥＣサイトのオープンの日にＴＧＣに参加できると言われたら参加していましたか？

田中　うーん、しないかもしれません。今だからこそという思いがありますね。

角間　なぜですか？

田中　うちはリピート率がすごく高くて、**リピート率が50〜60％**近くにもなるのですが、そういう基盤がないうちにむやみやたら認知だけとっても取りこぼしてしまうと思うんですよね。お客さまに納得してもらえないというか。

きちんと運営や商品のクオリティ、デザイン面というところを担保できたうえで、より多くの人に知ってもらう流れのほうがやりやすいはず。だからこそTGCの参加が2020年でよかったと思いますし、もし1年目でTGCに出ても、私たちは何も反響を得られなかった気がします。

POINT

角間　他にはファンを増やしていくための施策は何かありますか？

田中　**オープン前のユーザーインタビュー**ですね。ユーザーというよりは知人インタ

POINT

ビューぐらいの感じで、周りの155センチ以下の小柄女性にたくさんアンケートをとりました。その方たちがすごく共感して立ち上げを応援してくれて、始まるときにも拡散をすごくしてくれました。始まる前からプロダクトを楽しみにして発信してくれる人がいたというのは、最初の仕掛けとしてとてもよかったです。小規模ではありますが。

角間　スタートアップ施策の王道ですね。ところで、ポップアップの次の施策として、やはり常設店の計画があるかと思うんですが、そのあたりいかがですか。

BRAND CONEPT
あなたに陽が当たる服
COHINAは"小柄女性の美しさ"を追求し
日々を自分らしく過ごせる服を贈るブランドです。

便利になったこの時代、洋服は山のようにある。なのに、小柄な私のための服はない。

可愛い服に胸を躍らせて試着室に入り、サイズが合わずに落胆することもしばしば。

平均よりも身長が低いというだけで、「好き」か「ぴったり」のどちらかを諦めなくてはいけないことが多かった。

「それなら本当に欲しいと思う素敵な服を、低身長でも美しく着こなせるサイズで作ろう。」

そんな当事者の想いから生まれたのがCOHINAです。

小柄女性を綺麗に見せる服を通して、自分らしく居られる時間をお届けします。

COHINA

田中　それは確かに考えていて、まだ具体的には決めていないのですが、2021年目標でやれたらいいなとは思っています。

角間　最後に。これは言いづらいかもしれませんが、コロナ禍は商売上追い風になっていますか？

田中　そうですね。やはりネットで買うことが当たり前になってきたのと、在宅ということでライブを見てくれる人も増えたと思います。

あと、いわゆるプチプラの有名ブランドじゃなくて、**多少お金はかかってもちゃんと自分の好きなブランドで買いたいという傾向**が強くなってきたのかなと感じています。お出かけの回数が減ったからこそ、お出かけ1回あたりの価値がすごく上がっていて、「こんなに大事な日なんだから簡単に済ませられない」という雰囲気が醸成されているようです。

POINT

それと同時にネット上で過ごす時間も増えたので、色々なブランドを見つける機会も増え、比例して好きなブランドも増えてきたというところで、指名買いが増えたのかなとも思いますね。

POINT

衝動買いではなく、「ここのブランドで買いたい!」という指名をいかにしてもらえるかが、今後ますます大切だと感じます。

台湾発の
ライフスタイルブランド
「DAYLILY」

大切なのは「哲学」。
それがなければD2Cは、単なるビジネス
手法の一つに成り下がってしまう。

DAYLILY JAPAN 株式会社
代表取締役 CEO・共同創業者
小林百絵(こばやし・もえ)

聞き手:角間実

台湾発のライフスタイルブランド「DAYLILY(デイリリー)」。漢方をモチーフにしながら、堅苦しいイメージを排除し、カジュアルさを打ち出すことで、多くの若い女性の支持を得ている。創業時からの熱心なファンは“シスター”と呼ばれ、ブランドづくりにも大きな役割を果たしている。そうした「独自のカルチャー」はどのように培われてきたのか?

DAYLILY

共同経営者である王怡婷（左）と小林百絵（右）

クラウドファンディングを皮切りに、Slackなども活用してユーザーとの距離感を縮めていった。

角間　まず、DAYLILYとは、どういうブランドか教えてください。

小林　台湾発の漢方のライフスタイルブランドで、私と台湾人の王（オウ）とで始めました。彼女の両親が漢方薬局を昔から台湾でやっており、台湾での漢方の在り方を彼女から聞いて、ぜひ日本やアジアで広めたいと思ったのがきっかけです。

角間　もともと台湾とはご縁があったのですか？

小林　ありません。いわゆる観光客レベルだったのですが、大学院で王と知りあい、

ＤＡＹＬＩＬＹを始めようと決めてから、現地を案内してもらうようになりました。

角間　当然もともと漢方の文化がある土地で、そちらに新規ブランドでお洒落っぽいものを作られたわけですけど、現地での反応はどうでしたか？

小林　台湾の人にとって漢方は本当に日常的なもので、逆にお洒落なものが全くなかったので驚かれました。

――Ｄａｙｌｉｌｙは「女の子たちの体温と気分をあげる」をミッションに、２０１８年３月に台湾１号店をオープンさせた。

角間　確かに、台湾のコンビニでは漢方で煮た卵が普通に売っていて、それがすごく美味しかったりしますよね。

小林　卵もありますし、普通に漢方のドリンクも売っていて、色々な漢方を使った商品がコンビニで手軽に買えるというのがすごくいいなと思ったんです。

角間　だからこそ、DAYLILYの洗練された漢方の世界感が出てきて、現地の方は「おっ」ってなったわけですね。

小林　はい。本当に驚かれました。

角間　日本だと、どういうイメージでしょうか？

小林　日常的に飲む日本茶のような立ち位置でしょうか。

角間　なるほど。ところで、最初にクラウドファンディングをやっておられますが、なぜですか？

クラウドファンディングとは群衆（crowd）と資金調達（funding）を組み合わせた造語。不特定多数の人がクラウドファンディングのサイトを通して各種プロジェクトへの資金提供や協力などを行う仕組み。日本語では「クラファン」と略されるケースも。

小林　やはり新しいブランドを立ち上げるということで、より多くの方に知っていただき、応援してもらいたいと思ったのがまずあります。あと、**一緒にブランドを作っていきたいという想い**もありました。

POINT

角間　実際にファンといわれる方は増えましたか？

小林　はい。その時に支援してくださった方で、今でも買ってくださる方や、すごくDAYLILLYを応援してくださる方がたくさんいらっしゃいます。本当に、その頃の方々あってのDAYLILLYだと思っていますので、クラウドファンディングはやってよかったなと思います。

角間　もしクラウドファンディングがなかったら、どうされていましたか？

小林　そうですね。最初は台湾からのスタートだったので、現地でのプロモーションに力を入れていたと思います。実際そのころはまだコロナ前で、現地の人だけでなく**日本からの観光客もＳＮＳにアップしてくれたりして、口コミで広まっていった経緯**がありますので。

POINT

角間　そういうタイミングでもクラウドファンディングで大成功されたわけですから、コロナ禍の今はますます使わない手はないといえますね。そこからさらにファンを増やすための施策は何かされましたか？

小林　日本でポップアップストアを開店するときや日本に上陸するタイミングにいち早く情報をお伝えしたりとか、定期的にマガジンを更新したりということはしていました。

角間　やはり地道に着実に、ということですか？

小林　そうですね。

角間　グループチャットツールのSlackも活用されたとか？

小林　はい。それは最近のことなのですが、これまで買ってくださった方に、新しいものを作るにあたってのフィードバックや意見交換などをお願いしました。

角間　何人くらいに入ってもらったんですか？

小林　そのときは結構数をしぼって30名くらいです。一番大きな目的としては、いつかDAYLILYがサブスクリプションをするときに、どういうものが〝一番気持ちいいか〟を探ることでした。というのも、単純に今のサブスクのあり方に、ちょっと納得がいってなくて。

角間　どういうことですか？　よく言われる「毎回同じものが送られてくるだけなら、毎月〝ポチる〟のと同じ」というところでしょうか。

小林　それもありますし、シスター達（編注・DAYLILYにおける客とスタッフの呼称。後述）の精神的な負担になってしまうんじゃないかと思いまして。サブスクを始めるのであれば、そういう毎月勝手に届くことに負担がなく、**毎月楽しめて、かつ意味のあるものじゃないと、やる価値がない**と思うんです。

POINT

角間　なるほど。御社がサブスクをやるといったら、たぶん買ってくださる方はたくさんいらっしゃると思いますが、それはただ売り方を変えただけですからね。

小林　DAYLILYのブランドとして、女性のライフステージや生活シーンに合ったものが、その時期に応じて用意されているという状態を将来的には作りたいと思っています。サブスクはその手段としてすごくよいものだとは思っているのですが、それをよりよい形で提供するにはどうすればいいか。必要な時に必要な分だけということが理想ではあるんですが……。それについての議論をSlackに参加してくれたシスターの方々に委ねたのですが、3ヵ月やって今も最適な形を探っています。でも、いつかはやってみたいと思っています。

角間　「シスター」という言葉について教えてください。DAYLILYさんではファンだけでなく、ショップのスタッフの方も「シスター」と呼んでいるそうですが、それはなぜですか？

小林　クラウドファンディングのときからなのですが、**お客さまも店で働いている店**

員たちも皆一緒というか、あまりそこに差はないと思っています。そこで、共通の呼び方、親しみのある言い方がないかと考えた時、私が元々クリスチャンの学校に通っていて、先生たちをシスターと呼んでおり、それがすごくほどよい距離感というか、親族ではないけれども身内のような――。

POINT

角間　「ヘイ、ブラザー！」みたいな感じですか？

小林　そうですね。気軽に仲良くなれるようなフラットな関係性だと思ったので、お客さまとお店のスタッフをそう呼び始めました。

まずは期間限定のポップアップストアから始めて少しずつ世界観を普及させていった。

角間　先ほどポップアップストアとおっしゃられましたが、どういう経緯で始めたのですか？

小林　最初に台湾でお店を作って、日本からも来てくださる方がどんどん増えていって、「日本では出店しないんですか？」ということをよく言われるようになったんです。私たちも日本で出店したい気持ちはすごくあったので、まず試験的に表参道でポップアップストアをオープンして、そこでどういう反応があるか、実際にお客様の声を聞きたいと思って始めました。

角間　ポップアップストアをやってよかった点と、悪かった点を教えてください。

小林　最初の表参道の時は、自分たちで場所を借りて、自分たちで空間を作って、コミュニケーションの取り方も設計したので、すごくよくできたと思っています。プレスの方や全国のバイヤーさんも来てくださって、百貨店や商業施設の方々からの引き合いも数多くいただきました。

角間　大盛況だったんですね。

小林　はい。生の声とすごくよい反応をもらい、とても嬉しかったです。

角間　それで日本でもビジネスとしてやっていけると確信できた？

小林　そうですね。同時にポップアップストアでは限界があるとも思いました。期間限定なので何でもその場限りになってしまう感じはどうしてもありました。でも、それを経験したことで、きちんと自分たちで実店舗を持ってやっていきたいと強く思った点では、よいきっかけでした。

角間　これからD2Cでお店をやりたいという方に、ポップアップストアを展開する上でアドバイスはありますか？

小林　変な言い方ですけど、**自分たちのブランドを安売りしない方がいい**と思います。やはり商業施設さんとか百貨店さんはどうしても売上げが最重視されがちなので。ここでもあくまでも（バイヤーと）対等であることと、売上を一番の目的にしないことが大切です。

POINT

角間　なるほど。

小林　やはり、自分たちのブランドはすごく大切なもの。そこをちゃんと見極めた上でポップアップストアをやれば、**その場所にどのような人がいて、どういうふうに生活して、商品がどう使われているかというのを、自分の身体感覚として得られます**。そういう意味ではやったほうがいいと思います。

POINT

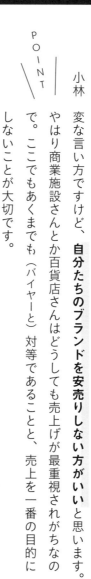

角間　事業展開の流れとしては、まずクラウドファンディングをされて、台湾に旗艦店を出されて、日本でポップアップストア（表参道ROCKET、有楽町マルイ、渋谷ヒカリエ、梅田大丸、博多大丸）をされて。次がもう誠品生活日本橋の店舗（COREDO室町テラス2F 誠品生活日本橋内）ですか？

小林　そうですね。

角間　これだけ大きな商業施設に1店舗目を出されるというのは、かなりのご苦労があったと思うのですが、どういった苦労が一番大きかったですか？

小林　ここは本当に新しい施設で、「誠品生活」さんも日本初上陸でしたから相当な話題性があると思い、出店を決めたのですが、条件交渉ひとつからやったことのないことばかりでしたので、本当に手探りでした。

角間　立ち入った話ですが、ＶＣ（ベンチャーキャピタル）は入っていましたか？

小林　いえ、出店してからですね。日本でポップアップを始めたころ以降に数社から連絡が来ました。それまで自己資金と融資だけでやっていて、日本１号店の初動もすごくよかったので、そのままやっていけないこともなかったのですが、チームとしてパワーアップしたいと思い、ＶＣの方々とお会いすることにしたんです。

角間　なるほど。

小林　その中ですごく信頼ができ、かつ一緒にやることでチームの力になると感じた方々と組ませていただくことにしました。お金の面以上に、創業メンバーの今までできていなかった部分をサポートしてくださったりもしているので、すごくよかったです。

――Daylillyの実店舗はその後、大阪の大丸梅田店に日本2号店、ポップアップをした有楽町マルイと渋谷ヒカリエに3号店と4号店を出店。

角間　そろそろ多店舗展開のフェーズに入ったのかなと思うのですが、店舗展開されるうえで重視されていることはありますか？　たとえば「こういう場所がよい」みたいなことってあるのでしょうか？

小林　DAYLILYを買ってくださる方は、主に働いている女性が多いので、やはり働く女性が多い街や、通勤などで訪れる生活圏内にお店を開きたいと考えています。

角間　今のところ全て商業施設内ですが、路面店を出す可能性はありますか？

小林　いずれは出してもいいかなとは思うんですけど、すごく重要視しているというわけではありません。わざわざそこに行くというより、**いつも使っている商業施設や、生活の中でよく立ち寄る場所にあることが理想**だと考えています。

POINT

角間　たとえ近くにあっても路面店だと〈わざわざ行かなきゃ〉という感じになってしまうのがあまりよくないということですか？

小林　もちろんわざわざ来ていただけるのは嬉しいのですが、それよりも服を買う、コスメを買う、ついでにDAYLILLYでお茶も買う……みたいな、そういう生活の自然な流れで購入してほしいのです。

大事なのは「関係性のフラットさ」。D2Cは単なるビジネスの手法ではない。

角間　ところで、最近「**パーソナライズ**（**顧客一人ひとりの趣味嗜好に合わせてコンテンツを提供するマーケティング手法**）」という言葉がすごくキーワードになっているのですが、何か施策はありますか？

POINT

小林　漢方自体がそもそもパーソナライズされたものです。薬の処方はまさにそうなのですが、D2Cひいては広くビジネスにおけるパーソナライズにはちょっと懐疑的です。

角間　よくあるのは「8つの質問に答えたら……」というパーソナライズですね。

小林　そういったレベルのパーソナライズ施策をやるくらいなら、実際に会って楽しくおしゃべりをして、その人の状態や生活、状況に合ったものを一緒に考えていくことの方が大事だと思っているので、今は特にパーソナライズのための施策は考えていません。

角間　同じ流行りものでいうと、いわゆる**「フェムテック」とか「フェミニンケアブランド」と呼ばれているもの**が増えていて、DAYLILYもそこに含まれるといわれていますが、どう思われますか？

POINT

フェムテックとはFemale（女性）×Technology（技術）を掛け合わせた造語。女性が抱える健康上の課題をテクノロジーで解決する商品やサービスを表す。

小林　そうですね。よく雑誌のフェムテック特集などで私たちのブランドも選んでいただくのですが、「うちは〝テック〟なのかな？」と思いつつ、女性の運勢とか生活に寄り添うという点では、一応入るのかもしれません。

角間　その手の雑誌に出てくる他ブランドとのコラボみたいなことってありえるのでしょうか？　D2C同士のコラボってあまり聞かないので。

小林　相性の良いところであればぜひやりたいです。ただ、私はどちらかというとD2Cブランド同士より、既存の大きなブランドと組んだ方が、むしろ新しいものが生まれるのではないかと思っています。

POINT

角間　なるほど。引き続き流行りもので恐縮ですが、**オンライン診察とかオンラインでのカウンセリング**みたいことが増えていますが、DAYLILLYでもオンラインでのやり取りや、コミュニケーションなどは考えていらっしゃるのでしょうか？

小林　一応考えてはいるというか、LINEやチャットでできるように進めてはいますが、浅い感じにならないようにしたいなとは思っています。

角間　すみません。なぜこんなことを聞いたかというと、本来のD2Cのあり方と大きくかけ離れている企業が増えているなと思っているからでして。「むしろD2Cと呼ばれたくない」という趣旨の小林さんの発言を記事で読んだので、そのあたりどうお考えかなと思い、あえて聞いてみました。

小林　私がすごく悲しく思っているのは、「お金儲け、ビジネスとしてやってやろう」みたいな感じで、まったく哲学がなかったり、誰がやっても同じようなものをとりあえず作って売っていたり、そこに広告費をじゃんじゃん入れたりというケースです。

角間　わかります。D2Cをうたいながら、実は単なるアフェリエイトだというところが、僕は3割くらいあると思っています。しかしその辺りの境界線ってすごく曖昧ですよね。これからD2Cをやろうという後輩に、そうならないための心構えを教えていただけますか？

小林　一番大事なのは、「関係性のフラットさ」だと考えています。お客様ともそうですし、スタッフともそうですが、皆がちゃんとフラットな状態であることが理想です。

大企業が新しい商品を作ってお客様に売る関係とは絶対に違う。**上から与えるのではなく、本当の意味で一緒にひとつのブランドを作っていく、その関係性です。**D2Cはビジネスの手法やあり方という視点でよく話題にされますが、それはちょっと違うんじゃないかな、と。

POINT

角間　なるほど。「関係性」ですか。そこには「誰がやるか」ということも含まれますか？

小林　誰がやるかも大事です。それと「哲学」ですかね。**顔の見える〝誰〟がやるかと、哲学は同じくらい大切**だと思っています。誰が何のためにどういう哲学でやっているか。

POINT

角間　小林さんは慶応の大学院で「デザイン思考」を学ばれたわけですが、そうした「哲学」という考え方も、そこから来るものですか？

小林　そうですね。私も王もデザイン思考を勉強してきたので、ブランドを作るときもそうですし、商品を作るときにもすごく大事にしています。

角間　そうした「ブランドとしての哲学」は、どうやって立てればよいのでしょうか？

小林　**「何を信じるか」**だと思います。DAYLILYとしての哲学は、「私たちにとってこういう過ごし方が最高に気持ちいい」ということ。自分たちが信じて揺るぎないものを見つけることが大事だと考えています。

POINT

角間　本当にそれを自分がよいと思い、信じて進めるかということですか？

小林　そうですね。それと、頭で考えるのではなく、自分の身体感覚というか、**考える前に純粋に「気持ちいい」ものじゃないとダメ**だという気はします。すごくデザイン思考的な話になりますけど。

POINT

角間　D2C企業を作りたい人にとって、デザイン思考はとても参考になりそうです。そうしたデザイン思考からくる哲学を、DAYLILYにおいてどのように形にしてきたのですか？

小林　店舗体験にしろ、商品の使用体験にしろ、身体的に気持ちいいか、心地よいかどうかというのは、毎回、徹底的に検証しています。自分たちで実際に使いながら、その過程で意思決定するという感じです。すごくデザイン思考的なやり方だと思います。

角間　それを踏まえた上で、これからの商品展開や、こんなことをしてみたいということはありますか？

小林　私達はライフスタイルブランドなので、衣食住の色々な場面で取り入れてもらえるものを増やしていきたいです。最初は自分たちと同世代の20〜30代の女性をメインターゲットにしてきたのですが、最近は更年期の女性向けの商品も出しています。女性の人生を追っていって必要なものを必要な時に提供していくのが理想です。

角間　DAYLILYの商品パッケージは大変洗練されていますが、逆に自己主張が強くない、マーケティング的に必ずしも「売れるデザイン」に見えない感じもするのですが、意識してそうされているのでしょうか？

小林　デザインに関しては、実は「お守り的」という言葉をよく使っています。実際台湾の人にとって漢方は生活のお守り的な存在なので、DAYLILYもその要素というか、そうなりたいというふうに常に志向しています。デザインもそうですし、商品自体についても、生活の中でのお守り的な存在になるようにとの想いで作っています。

角間　お守り的なデザインというのは、具体的にはどういうところですか？

小林　オレンジという色自体が気分と体温を上げるカラーですし、少し複雑でフラットではないデザインにしているところもお守りを意識しているところです。今のD2Cブランドは良くも悪くもどれもフラットで、同じようなデザインが多い。それはそれでありだとは思うのですが、DAYLILLYはそういうものとは一線を画したい。本当に生活の中の「お守り」になりたいというところがあります。

顧客との〝距離感〟を大切にしたい。その鍵を握るのは「ゆるさ」。

角間　話は変わりますが、こういう漢方商材は対面でカウンセリングみたいなことをしないと、なかなか難しいものなのでしょうか？

小林　いえ、そもそも私たちの扱っているものが漢方薬ではないので、そこはむしろカジュアルに選んでいただきたいたいですし、私たちもお勧めしたいと思っています。

角間　それでもＥＣサイトだけでやるという選択肢はなかったのですね？

小林　それはあまり考えたことはないですね。やはり楽しいですし。

角間　お客様と対面して話すのが？

小林　はい。〝つながり〟がオンラインとはぜんぜん違います。より強いつながりになっている感じがあります。オンラインだけだと1回買ったら終わりみたいな方もいますが、お店に来てくださる方は、お店でもオンラインでも買ってくださって、そしてお店にも通い続けてくださることが多いので、ぜんぜん関係性が違うなと感じます。

角間　そういう関係性を作るためには、オンラインだけではやはりダメで、実店舗が必要だということですね。

小林　そうですね。あとやはり、お店に立っているシスターの存在も大きいです。現在、全店舗合わせて40人近いシスターがいるのですが、**彼女たちが自分の言葉でお客様に話すという行為もブランドを形作る一つの要素になっています。**彼女たちの解釈も入ることで、どんどんブランドの幅も広がっていく。それがとても面白いです。

POINT

角間　シスターたちによってブランド自体が日々変化していくのですか？

小林　そうですね、はい。

角間　とはいえ、このコロナ禍で、ＥＣ自体はより重要視されていくと思うのですが、デジタル上でこういう展開をしていきたいという展望はありますか？

小林　よりよい体験というか、よりワクワクするような体験を作れたらいいなと思っています。**オンラインで買おうと、店舗で買おうと、「ちゃんとあなたのことをわかっていますよ」という〝心〟が伝わる**といいな、と。その体験をどう作るかは、試行錯誤しているところです。

POINT

角間　ところで、さきほど大企業が新しいものを作ってお客様に売る関係とは違う「フラットな関係性」とおっしゃいましたが、それは時代的な流れでもありますか？

小林　**生活者として単純に「消費するだけ」という状況に消費者がすごく飽きてきている**と思います。より自分がそこにコミットしたりとか、何かしらの哲学に共感したりというところで、何かを買ったり、日々の生活を送っていくということ

POINT

とを求めていると思うので、その流れに合致したのじゃないかと思います。

角間　なるほど。

小林　私はもともと広告代理店の電通に勤めていたのですが、当時の部署が、クライアントの新規事業をお手伝いする部署だったんです。その時に大手クライアントがＤ２Ｃに近いようなことをやっていたのですが、やっぱり結局は大企業が作るモノになっちゃうんだなぁと痛感しました。

組織が大きすぎて、その枠の中の商品やサービスにしかならない。そういう背景は消費者に

も透けて見えてしまいますよね。**いくらD2Cっぽくしても、どこか上から与える「大企業っぽさ」を感じてしまって、なかなか難しい。**

POINT

角間　大企業の場合、小さく作るということもできないですからね。

小林　結局、誰が何のために作っているのかよくわからないみたいなことになりがちです。

角間　やはりそこですよね。個人の部分が見えるかどうか。それに近い文脈で**〈地域に根差した〉**というキーワードも最近D2Cで多いのですが、そうした考え方もDAYLILYにはあるのでしょうか?

小林　それは私たちにとっては強いファクトです。台湾発ということで始めていますので、〈地域に根差した〉というファクトが軸になると思っているくらいですから、そこは大切にして伝えています。

角間　このCOREDO室町テラスという場所も、ある意味〈台湾的〉ですよね？

小林　はい。テナントとして入っている「誠品生活」自体が、台湾を代表するブランドで、その日本1号店ですからね。

角間　DAYLILYはお客様との身近な距離感を大切にしていて、それは大企業ではなかなかできないと思うのですが、ビジネスとしてやっている以上、会社を大きくしたいという気持ちはありますか？

小林　もともとアジアの女性たちにヘルシーに楽しく過ごしてほしいという想いがあるので、そうした方々に、いかに1人でも多く届けるかということは考えています。そのためにもっと越境ECなどを活用していきたいですし、店舗も増やしたいという気持ちはあります。

角間　しかし会社の規模が大きくなっていくと、人の距離感っていうのはどうしても遠くなってしまうと思うのですが、それでもお客様との距離感を近いままに保っていくために、考えていることはありますか？

小林　今の「ゆるさ」みたいなところはちゃんと残していきたいです。常に完璧でなきゃとか、完璧なものでなきゃいけないという考えを持たないというか。常に未完成じゃないですけど、**「一緒に作っていく」というスタンス**は変えないでやっていきたいですね。

POINT

これまでと同様にお客様とスタッフが、お互いに〈シスター〉としてほどよい距離感でやっていけると理想的です。

ファンの熱狂が支える筋トレブランド「VALX」

D2Cなら広告だけに頼らず、
ダイレクトに顧客に徹底して向き合い、
"熱狂的なファン"を獲得すべき

株式会社レバレッジ代表
只石昌幸（ただいし・まさゆき）

聞き手：角間実

ボディビルダーやパーソナルトレーナー御用達のD2Cブランド。特徴は広告に頼らず、山本義徳という筋トレ界のカリスマの求心力で、熱狂的なファンを獲得していること。さらにはSNSを通じたファンとの交流や、豊富なYouTube動画など、ファンサービスの濃さは他のD2Cブランドの追随を許さない。VALX流ともいえるこの戦略はいかにして生まれたのか？

VALX
マイページ
カートへ進む
ABOUT
ALL ITEM
CONTENTS
Challenge Your Limit
ABOUT VALX

VALX

プロテインから入りがちなところをあえて上流層のプロ向けから攻めた。

POINT

角間　**広告に頼らずにブランド立ち上げ1年で、累計販売数10万個突破**と伺いました。まずは、そんな驚異的なブランド「VALX（バルクス）」誕生の経緯について教えてください。

只石　VALXは、2019年10月5日に販売をスタートしたマッスル系D2Cブランドです。商品はプロテインやサプリメントなどに特化しています。特徴としては、広告に頼らず山本義徳《よしのり》先生というパーソナルトレーナー業界のカリスマを立てて、山本先生の監修のもと、YouTubeやSNSを中心に販売しています。

角間　具体的にはどのような方をターゲットにしていますか？

只石　通常、マッスルブランドを立ち上げるといった場合、プロテインから入ると想像できますが、うちは新規参入組なので、そうした大きな市場ではなく、槍のような、もっというと爪楊枝の先で刺すような商品から展開していこうと考えました。

そこで、ニッチなところに目を付けて商品化したのが「EAA9」という必須アミノ酸9種類が入ったサプリメントです。トレーニング業界では今、BCAAという3種類のアミノ酸を摂っている人たちが多いのですが、人間の体で構成できない必須アミノ酸9種類をすべて取ったほうが効率的です。ですので、**そうした配合にまでこだわる〝筋トレごりごり層〟にだけ刺さるような戦略**で始めました。

POINT

3種類の必須アミノ酸を有するBCAAに対して、EAAは9種類の必須アミノ酸から構成される。HMB・BCAAの上位互換的な存在であり、人間の素材そのも

――の、タンパク質を形成するアミノ酸そのものといえる。

角間　なるほど。筋トレ界でも上流の方の人にターゲティングしたんですね。

只石　まずはEAAで思いっきり爪楊枝で刺して、続けてタンパク質含有量が90%以上という、これまた玄人向けの高品質なプロテイン「WPI」を出し、そしてついに「WPC」という一般の方向けの商品を販売予定です（編注・2020年12月取材）。つまり「EAA」から始め「WPI」「WPC」と、上流から下流に段階的にファンの裾野を広げていこうという作戦です。

牛乳に20%含まれる貴重な乳清タンパクから作られるホエイプロテインには製法が2種類あり、市場でポピュラーな商品は製法が比較的簡単で安価なWPCというもの。一方、不純物を徹底的に取り除き、タンパク質含有量が90%以上の高純度なホエイプロテインがWPI。吸収速度が速く、トレーニングを無駄にしないため、より高品質なタンパク質を求める層に支持されている。

角間　その戦略は、最初から考えていたんですか？

只石　最初から考えていましたね。

角間　それはすごい。

只石　その理由は、そもそもなぜ我々がフィットネス事業なのかというところにまで遡《さかのぼ》ります。我々は4年前に「ダイエットコンシェルジュ（https://concierge.diet）」というメディアを始めました。これはパーソナルトレーニングジムとダイエットユーザーのマッチングを目的としているのですが、これにより**2000人のパーソナルトレーナーというつながり**が作れたのです。

POINT

この2000人のパーソナルトレーナーたちに「誰から筋肉について学びたいか」とアンケートをとったところ、ほぼ満場一致で「山本義徳」という名前が挙がりました。そこで山本先生に監修に入ってもらい、かつ2000人のトレーナー達が一番好むであろう物をまず売ろうと考え、**プロ向けの高品質アミノ酸という商品**で思い切り刺したというわけです。

POINT

山本義徳とはボディビル・パワーリフティング界のレジェンドで、国内、海外の大会で優勝経験も多数あり、知らぬ者はいない人物。YouTubeの「山本義徳 筋トレ大学」はチャンネル登録者数33万人超。

角間　素晴らしい戦略ですね。商品開発についてはいかがですか？　一般的なD2Cだと、顧客の声を製品に反映するといったストーリーをよく聞くのですが。

只石　僕らが絶対大事にしていることがあります。配合量や設計にこだわって、本当に価値のあるもの以外は出さないということです。何よりお客さまの体感や体験を大事にすることで、自然とお客様の口コミが生まれ、渦《うず》のように売れていきました。

すべてはキーエンスで学んだ。
そして、退社後の挫折から始まった。

角間　それにしても、なぜ1年あまりで、VALXというブランドがこんなにうまくいったのでしょう？

只石　それは僕の半生にも関係してくるんですが……**経営しているレバレッジという会社のマーケティング手法の源流は「キーエンス」なんです。**

POINT

角間　キーエンスってあの給与が日本で一番高いことで有名なキーエンスですか？

只石　はい。大学を卒業してすぐ入社したのがキーエンスなんです。そこで学んだことが全てですね。**うちの会社は仕組みを大事にしますし、人がやらないことしかしないのですが、それらは全部キーエンス流なんです。**

POINT

じゃあキーエンスを辞めてすぐレバレッジを立ち上げて、そのままうまくいったかというとそうではなくて……ちょっと長くなりますけど、いいですか？

角間　ぜひ、お願いします。

只石　就職活動のとき、どうしてもキーエンスに入りたくて入りたくて仕方なくて、よくないことかもしれませんが、6大学のうち、東大を除く5大学すべての学生課に潜入して、OB名簿の電話番号を書き写して、72人のキーエンス内定者に電話して、「どうやったらキーエンスに入れるのか？」「どんな営業マンがキーエンスでは活躍できるのか？」を聞きまくったのです。

角間　すごい。

只石　キーエンスといえば超一流ですよ。さっきおっしゃった通り、日本の上場企業の平均年収トップクラスです。僕の時でも平均年収1600万円で、フジテレビに次いで2位でした。普通だったら僕なんて絶対に入れないんですが、面接の時にキーエンスが求める人物像に完璧になり切ったんです。

ある意味、これが僕の人生の成功体験です。潜入はいけないのかもしれませんが、それくらいのことをしたおかげでキーエンスという高い段階に登ることができた。だから後悔はしていません。そしてここからが本題です。

キーエンスには入れました。でもやはり奥の手を使って入社したので、実力が伴わなくて3年でクビになっちゃったんです。クビになった翌日からホストを始めました。

角間　水商売のホストですか？

只石　そうです。ところが、大卒で超一流企業出身という妙なプライドがあったため、ホストの仕事についていて誰にも聞けない。逆にそんな奴には誰も教えてくれません。結局うまくいかなくて、2年で辞めてしまいました。

角間　そんな過去があったんですね。

只石　そこからは本当に転がり落ちていって……友達との連絡もすべて断ち切っていましたが、あることをきっかけに友達に電話したら、「そんなこと早く言えよ」と手を差し伸べてくれて。ある友達は中古のノートパソコンまでくれて、そのパソコンでアフェリエイトを始めたんです。

当時、僕はアフェリエイトを極めたいと思ったので、あるアフェリエイトの会社に行って、「すみません、アフェリエイトで一番成功している人を紹介してください」と言ったら、紹介してくれました。そしてその一番うまくいっている人の話を聞いて実践したら、あっという間に月100万円稼げるようになったんです。**「なるほど、人に聞けば誰かが教えてくれて、その通りにやればうまくいくんだ」**ということに気づいたわけです。

POINT

角間　ホスト時代のプライドを捨てたわけですね。

只石　そうです。だから、**創業から今日まで14年ですが、今も常にわからないことがあれば誰かに聞いています。**VALXも、通販を立ち上げると決めた瞬間から、D2C企業の社長、マーケッター、物流担当など、おそらく30人くらいの人に話を聞きまくりました。

POINT

簡単に言うと、うまくいっている人の完コピをして、それでもうまくいかなかった時は、うまくいってる人のアドバイスを聞いて、またやってみるというPDCAを思いっきりフル回転したから今があるんです。YouTubeも1年半で31万登録まで伸ばしましたが、これもうまくいっている人たちに聞きまくりましたからね。

角間　なるほど。やはり、学びの部分が大事ということですか。

只石　もちろんメンバーが良かったというのもあります。うちは本当にやり切る社員ばかりなんで。そのやり切る社員に対して、プラスアルファの知見を与えて、その知見でやり切ってもらうという、いわば最短距離で走ったから、多分こんなに早くうまくいったんだと思います。

でも、意外と他の人は「誰かに聞く」ということをしませんね。

角間　どういうことですか？

只石　例えば、僕の元にもスタートアップの若い社長さんたちが結構遊びに来るんですが、「自分もＶＡＬＸさんみたいに通販でがんばりたいんです」「へえ、何やるの?」「これこれ、こうで、こうで」「うん、そうなんだ」「そうなんです。がんばります」と言って帰って行くだけ。何しに来たのかなっていう(笑)

角間　せっかく会ったのに聞かないんですね。

只石　聞かないんですよ。要は自分達のやり方でやると決めているんでしょう。もちろんそれでもいいかもしれないですけど、なぜ目の前に経験者がいるのに聞かないんだろうとは思います。

　または自分達のプロダクトを否定されたくないという気持ちが強すぎて、アドバイスを聞けなくなっているのかもしれません。

D2Cなら広告だけに頼らずお客さまにひたすら〝ダイレクト〟に向き合うべき。

角間　D2Cブランドと呼ばれることについて、否定的な経営者の方もいらっしゃいますが、そのあたりどうお考えですか？

只石　お客さまに対してダイレクトに向き合うからこそ「D2C」なわけですが、一般的にはどうしても広告に頼りがちになってしまいます。だからこそ、あえてお客さまの温度感などを知るために座談会などを行いました。

だから、別に「D2Cという言葉が嫌い」とか、「僕らはD2Cじゃない」とか思っているわけじゃなくて、**ダイレクトという言葉を使うのであれば、もっとお客さんに寄り添うようなことに時間かけたらいいはずだ**という感覚です。

POINT

郵便はがき

料金受取人払郵便

牛込局承認

2000

差出有効期限
令和4年5月
31日まで

162-8790

東京都新宿区揚場町2-18
白宝ビル5F

フォレスト出版株式会社
愛読者カード係

フリガナ お名前	年齢　　　歳 性別（ 男・女 ）
ご住所 〒 ☎　（　　　）　　FAX　（　　　）	
ご職業	役職
ご勤務先または学校名	
Eメールアドレス メールによる新刊案内をお送り致します。ご希望されない場合は空欄のままで結構です。	

フォレスト出版の情報はhttp://www.forestpub.co.jpまで!

フォレスト出版　愛読者カード

ご購読ありがとうございます。今後の出版物の資料とさせていただきますので、下記の設問にお答えください。ご協力をお願い申し上げます。

●ご購入図書名　「　　　　　　　　　　　　　　　　　　」

●お買い上げ書店名「　　　　　　　　　　　　　　　」書店

●お買い求めの動機は?

1. 著者が好きだから　　　2. タイトルが気に入って
3. 装丁がよかったから　　4. 人にすすめられて
5. 新聞・雑誌の広告で(掲載誌誌名　　　　　　　　　)
6. その他(　　　　　　　　　　　　　　　　　　　　)

●ご購読されている新聞・雑誌・Webサイトは?

(　　　　　　　　　　　　　　　　　　　　　　　　　)

●よく利用するSNSは?(複数回答可)

□ Facebook　□ Twitter　□ LINE　□ その他(　　　　　　)

●お読みになりたい著者、テーマ等を具体的にお聞かせください。

(　　　　　　　　　　　　　　　　　　　　　　　　　)

●本書についてのご意見・ご感想をお聞かせください。

●ご意見・ご感想をWebサイト・広告等に掲載させていただいてもよろしいでしょうか?

□ YES　　□ NO　　□ 匿名であればYES

角間　ちなみに御社の広告比率はどれくらいですか？

只石　今は10％以下です。

角間　え、本当に？

只石　はい。**広告比率は通販としては非常に少ない数字ですが、これが実現できたのは、間違いなくYouTubeとＳＮＳをフル活用したから**です。しかも面白いのは、YouTube経由のお客さまのほうがＬＴＶが長いんです。解約率も８％弱ぐらいです。

POINT

角間　すごい数字ですね。広告に頼らずに済むためには、一番はお客さまの声を聞くということですか？

只石　それに尽きます。なので、**僕は一日に3〜4回はツイッターでエゴサーチしています**。「VALX」「EAA9」「山本義徳」「株式会社レバレッジ」そして自分の名前で。商品の不満といったお客さまのネガティブな書き込みに対しても、ダイレクトメッセージを送って直接やりとりさせていただくことも多いです。

POINT

角間　只石さんが自らですか？

只石　そうです。
　もっと言うと、そういう対応を細かくしていけば、ファンがさらに熱狂してくれる。**僕らのKPIは〝ファン〟をつくるのではなく、〝熱**

POINT

狂的なファン〟をどれだけ生むかなんです。ちなみにうちの熱狂的なファンが、絶対にする全員共通の行動があります。それは何だと思いますか？

角間　何でしょう？

只石　**SNSへの投稿**です。

角間　なるほど。本当に好きなことは、誰かに伝えたい。

只石　そう、誰かに伝える。ならば、それを伝えてくださる熱狂的なファンを増やすことは、誰も不幸にならない最高レベルのD2C戦略だと思います。

モノがあふれているからこそ「選ばれる商品とは何か」について、日々追求する。

角間　VALXの場合、パーソナルトレーナーという存在があると思うのですが、彼らが熱心に売ってくれていることも大きいですか？　ある意味、仲卸業者的な位置づけで。

只石　もちろん大きいですね。ただし、パーソナルトレーナーさんは売り手かもしれないですけど、ご自身も買い手なんですよ。

角間　なるほど。だから、そこに差はない。

只石　だから、彼らを卸とは思っていないです。**「お前ら売ってくれ、あとは金渡す**

から」みたいな気持ちは全くない。むしろ、彼らが「売らせてくれ」と言うんです。

POINT

角間　すごい！

只石　ということは、それだけ熱狂させているってことですよね。**プロのトレーナーすら熱狂させるというのが僕らのミッションです。**

POINT

角間　確かにパーソナルトレーナーの方は最強のアンバサダーといいますか、一番ターゲットと親密につながっている方ですからね。

只石　商品の機能性も大事ですが、それよりもストーリーに乗せて、「自分が本当にこれを売りたかった想い」とか、「なぜこれを作ったのか」というところをちゃんと届けたほうが、共感が生まれる。その結果買った人も口コミをしてくれて、広告に頼らずに売れるようになる。大手に対抗するD２Cなら、このやり方が戦略として正しい。

角間　ワクワクしますね、そういう方が。気合いが入ったラーメン屋が「とにかく俺はうまいラーメンを食べさせたいんだ」というのがD２Cの原点だと私は思いますから。

只石　アップルのiPhoneって白い箱に入っているじゃないですか。白い箱のフタを手に持つと、下の箱も一緒に浮いてきて、ふわーっと落ちていきますよね。あれ、何秒でフタが開くか知ってます？

角間　何秒だろう。iPhoneってそんなところまで計算されているんですか？

只石　たしか7秒なんです。8秒以上だとイラッとするし、それより早いと期待感が薄まる。7秒に命をかけた結果が、あの容れ物なんですよ。それによって多くのアップルファンがワクワクして商品に触れるというのがアップルの戦略。僕らも、そうした**封を開ける瞬間のワクワクのようなものを、SNSを使って生み出したい**と考えています。

POINT

角間　これだけモノがあふれた時代、むしろモノじゃなくて体験。体験として気持ちいいものが欲しいんだという人が増えてきたと思うので、そういう戦略が成功しているわけですね。

只石　おっしゃるように、モノがあふれているというのは僕らも痛感していて、キーエンスの時に学んだマーケティング、要するに**他者と同じものを作っても売れないという決めつけから始まる仮説、つまり選ばれるような商品って何だろうという仮説**を追求していった結果が僕らの存在価値だと思っています。いくらD2Cが流行っているといっても、「じゃあ俺もやってみよう」「LTV（Life

POINT

Time Value＝顧客から生涯にわたって得られる利益）を上げればいいんだよね」では、やはり売れない。

したがって、なぜ僕らが体験であったり、熱狂を盛り込んだりしたかというと、「モノがあふれているからこその付加価値とは何か」を日々追及した結果の、今の僕らの答えだと思っています。

角間　そういう真摯な姿勢が必要だということですか？

只石　どうやれば売れるかばかり追及しているところが多いように思いますね。それよりも**市場の声に耳を澄ませて、「どんなプロダクトにすべきか」という問いかけの方にこそ時間をかける価値がある。**

POINT

もちろん自分発信がいけなくて、お客さまの声から生まれた商品だけが良いと言いたいわけではありません。自分もある意味クライアントの一人ですから。自分がユーザーとして、「もったいないな、こういう風にすればもっと良いのに。世の中にないんだったら俺が作ろう」というスタートも全然ありだと思うんです。それだって「自分」という一人のユーザーの声ですからね。とにかくユーザーの声を大事にということを、僕はやはりもっと言いたい。

VALXを通じて、D2Cの常識も、お客さまの価値観も変えたい。

角間　ここまで聞いてきて思うのは、本来D2Cにおいては何を売るかだけでなく、「誰が」売るかが大事なんだということです。それについてはどう思いますか。

只石　戦後のモノがなくて不便で、常に生活に困っていた時代なら、商品を作れば他社と同じだろうと売れまくった。それは、モノがなかったから。今はなんでもある。溢《あふ》れかえっている。そうなると、人って何を買ってよいかわからなくなってしまう気がします。そこで、自分が尊敬していたり好きだったりする人のお薦めが自分の判断基準になってきている時代ではないか、と。現に僕自身も本が好きですが、ほとんどの本は誰かほかの経営者の方に勧められたり、Twitterの投稿を見て読みたくなって買うという体験が非常に多くなっています。

角間　なるほど。

只石　要するに、誰だか分からない、「テレビで見たことある」というレベルでは響かないんです。一方、VALXは、山本先生がプロテインやEAA9の販売の時だけ関わるレベルではな

く、筋トレのやり方、ダイエットの方法、体の作り方といったコンテンツを毎日のようにYouTubeで流していて、それと一緒にプロテインなどを提供しています。YouTubeは単なる販売のためのチャネルじゃないんです。わずか1年ちょっとのブランドですが、そこが厚みの差だと思います。

角間　つまり**山本義徳さんは単なる広告塔ではなく、「誰が」の部分そのもの**ということですか？

POINT

只石　そういうことです。しかも僕らは、定期でEAA9を買ってくれているお客さまに対して、YouTubeにはない非公開のスペシャル動画も一緒に付けています。さらに毎回ノベルティグッズも付けている。

POINT

とにかくお客さまへのタッチポイントをなるべく多くするようにしています。

YouTubeなんか最強のタッチポイントじゃないですか。他のブランドってタッチポイントが弱すぎる気がします。タッチポイントが弱いから、無理矢理にでも定期会員に引きずり込んで、入ったお客さんに辞め方教えないで、電話の窓口を減らして――。

角間　嫌々でも続けてもらうみたいなやり方ですよね。

只石　そのやり方では、あなた達が大事にしているLTVが下がりますよと言いたい。**LTVを上げたければ、熱狂的なファンを一人でも多く生み出すことが大事**だと思います。

POINT

角間　最後にブランド哲学的なことについてお聞きします。VALXというブランドによって何かを変えたい、他とは違う世界観を見せたいという想いはありますか？

只石　VALXの商品を通してもっともっとお客さまに喜びを与えたい。

POINT

今まではただ反射的に買って飲んでいたプロテイン、中身が何かわからないけど飲んでいたアミノ酸。そうではなくて、きちんと背景にストーリーがあって、エビデンスも学べて、それによって納得して、しかも応援したくなるような、毎回封を開けるたび、そしてパッケージの山本先生の肉体の写真を見るたびに気分が〝ぶち上がる〟。**そんなサプリメントやプロテインを通じて、筋トレや体を動かす喜びがさらに増してくれたらいいな**と思います。

菌に着目した
ヘルスケアブランド
「KINS」

最大のリスクを取って
最速で最高のチームを作るのが
成功への最短の近道。

株式会社KINS代表
下川　穣（しもかわ・ゆたか）

聞き手：角間実

元歯科医師が立ち上げた“菌ケア”のサブスクリプションブランド。InstagramやLINEなどのSNSを活用し、健康や美容に関心のある女性層を中心に人気を博す。最大の特徴は、医学的なバックボーンと、徹底的な顧客満足度重視。広告費をほとんどかけず、驚くほどのLTVを稼ぎ出す。そのビジネスモデルのアイデアは、どのように生み出されたのか。

PRODUCTS SELECT JOURNAL NEWS RADIO ABOUT
KINS
scroll

KINS
KINS
ESSENCE
KINS
SUPPLEMENTS
KINS
SERUM
KINS
SERUM
KINS

本物を追求しながら最大限届け続ける〝矛盾〟に挑む。

角間　KINS（キンズ）は「菌」を全面に押し出したヘルスケアブランドとして非常に注目を浴びていますが、まずはKINSというブランドの概要について教えてください。

下川　「菌ケアをすることが当たり前である世の中にする」というコンセプトで設計したサプリや化粧品などをサブスクリプションで販売しています。2021年4月にはシャンプー・トリートメント、頭皮ケアの商品も発売予定です（編注・取材は2020年12月）。

角間　菌に着目された理由は何でしょうか？

下川　前職が歯科医師で、特に口腔内フローラなどを中心に診療しているクリニックの理事長を4年ほど務めていました。その時に東京大学と共同研究する機会があり、そこで得た菌に関わる最先端の知見を実際の診療に落とし込んで患者さんに処方したところ、相当な慢性疾患で困っている人や、うつ病で苦しんでいる方の症状がよくなっていくのを目の当たりにしたんです。

角間　へえ！

POINT

下川　とはいえ、クリニックの形で治療すると保険対象外なので、費用が高額になってしまいます。そうしたなかで、**菌に関する知識やノウハウをもっと広く世の中に普及できないかと思い、起業した**というわけです。

角間　ということは、KINSの商品はそうした体調不良を良くするための治療的なものなのですか？　それとも予防のための商品ですか？

下川　医療の観点からすると予防なのですが、ユーザーさん目線では治療に近いかもしれません。肩こりは病気ではありませんが、ユーザーさんにとっては大変な困りごとです。アレルギーは病気の一種ですが、クリニックに行くほどでもない。しかし、日常的に不自由している人はたくさんいらっしゃいます。

角間　こうした健康商材は扱いが難しいのではないでしょうか。特にインターネットでは、言って良いこと、悪いことの線引きが非常に厳しいですから。

POINT

下川　僕らは商品というより、**「菌をケアする文化」を売っている**つもりなんです。例えば「腸活をするとこういう良いことがあるよ」というのは情報ですよね。それをひたすら提供しているにすぎません。そうするとお客さまは「腸活ってカラダにいいらしいけど、どれを選べばいいかわからない」「体に良いといわれる食品を食べても効果を実感できない」となって、結果的にKINSにたどり着くという設計です。

角間　健康商材は半端な知識の人が半端に始める事例も多いようですが、その点、御社はプロフェッショナルが始めていらっしゃるから確実ですね。

下川　そうです。その点を前面に押し出すことで差別化を図ろうという意図もあります。ただ、僕らの真似をしようと思っても、なかなかそう簡単にはできないとは思いますが。

角間　菌の素晴らしさをより多くの人に広めたいとおっしゃいましたが、そのために大切にされていることはありますか？

下川　多くの人の目に止まるよう、デザインにはなかなか力を入れています。しかし、

POINT

一番大切にしているのは「本物を追求する」という点です。本来、本物を追求すればするほど頭でっかちになり、届けることがおざなりになりがちなのですが、僕らは「本物を追求して、かつ最大限届け続ける」という矛盾に挑戦していて、それができるのは僕らだけだと自負しています。

角間　なるほど。本物を追求するという部分は、下川さん自身が医師であることから担保できそうです。問題はデザインの部分です。企画のかなり早い段階で、Takramという業界トップのデザイン会社に依頼されたそうですね？

POINT

下川　はい。最初の頃からです。これにも理由がありまして、**一流になるには一流に触れるのが一番**だと思っているからです。本当はそうした人材を最初から雇いたいのですが、さすがに発足したばかりの弱小チームには難しいので、まずは業務提携という形でアサインして、仕事を通じてメンバーの成長を促してもらいたいと考えたんです。他にもコピーライティングや経営の顧問などに、超一流の人たちをつけています。

角間　ということは、ＫＩＮＳという名前も、そうした一流のコピーライティングチームが考えたものですか？

下川　実は元々「菌ラボ」という会社からスタートしたんですが、ブランド名を決める時に「分かりやすいから会社名もブランド名に変えよう」となったんです。
　それで、おっしゃる通りプロのコピーライティングのチームに入ってもらって、相談しながら十数個くらい候補を出し、一つ一つ落としていく作業をしていって、最後に残ったのが、「菌と生きる」という意味の「ＫＩＮＴ」。そして今の「ＫＩＮＳ」だったんです。
　最後、決選投票では僕とコピーライティングチームの社長以外、全員「ＫＩＮＴ」に手を挙げたんです。

角間　完全な劣勢ですね。

下川　まあ、基本的に女性がターゲットの商品なので、女性が手を挙げた名前にするのが恐らく間違いないんでしょうが……。なんとなく響きというか、将来的に菌のブランドがたくさん出てきたとき、その一つにKINTがあるのはすごくイメージできたのですが、KINSだと絶対にうち以外ありえないというか、王者感が半端ないと思いまして。だから、せっかくみんなに手を挙げさせたのに、「すいません、全部無視してKINSにします」と、独断で決めました。

角間　でも、確かにKINSの方がインパクトあります。いずれにせよ、かなり初期の頃から、一流のチームをアサインしてきたわけですね。

下川　スタートアップの場合、プロダクトアウトにしろ、マーケットインにしろ、まずコストをかけずリーンに作っていくリーンスタートアップが王道だし、半分それが正解でもあると思うのですが、僕は半分反対派なんです。

「リーンスタートアップ」とは、できるだけコストをかけずに最低限の製品・サービスの試作品をつくり、顧客の反応をみながら、顧客がより満足できる製品・サービスを開発していくマネジメント手法のこと。起業における王道パターンといわれる。

角間　なぜですか？

POINT

下川　**そもそもユーザーの声を無視するのは絶対にアウトだけど、じつは「本当の答えをユーザーは持っていない」**とも信じているんです。

つまり、プロダクトアウトとマーケットインのど真ん中に答えがあるわけです。そうなると、市場の予想を超えるものを作るしかなく、それができるのはレベルが相当高い人たちにしか無理です。普通の能力のデザイナーさんを雇っても、「ここはできても、ここはできない」とか、雰囲気はすごくオシャレなんだけど文字が全く読めませんみたいな、それでは困るわけです。

POINT

「ど真ん中にちゃんと杭を打てるか」という部分は、デザイナー選びの際にすごく意識しました。だから、売上げが1円もないのにもかかわらず、初年度から相当にお金を使いまくってます。

角間　基本的には自己資金ですか？

下川　自己資金2000万円と、シードラウンドで1億円調達しました。

角間　シードで1億ですか。もはやシードの金額じゃないですね。

「シードラウンド」とは、企業が「シード=種」の状態、つまり芽が出る前の起業前の状態を指す。商品やサービスのリリースに向けて準備をしている段階の資金調達。人件費など最低限必要なランニングコストであるため、通常は500〜1000万円ほど。

コミュニケーションの量と質を考えたら、D2C一択しかなかった。

角間　ずばりブランド哲学的なことをお聞きします。KINSによって世界をこのように変えていきたいとか、そうした想いはありますか?

下川　そもそも**「菌をケアすることを世の中の当たり前にする」がミッション**で、では「何のために?」かというと、慢性症状・慢性疾患の快方です。

POINT

現在の医療は残念ながら対処療法がメインになってしまっています。例えば、風邪を引いたら風邪薬を飲んで熱は下がる。だけど、「なぜ風邪になったのか?」という点には全く無関心なんです。本当はその根本にアプローチすべきです。

角間　そこで着目したのが菌だったのですか？

下川　はい。「菌による根本へのアプローチ」という意識がちゃんと広がれば、そもそもの体質が変わるはずです。だから、化粧品一つ取っても、対処療法的に「毛穴が……」とか、もちろん皆さん大喜びなんですが、僕らはそれを表面に置きつつ、**皮膚の菌のバランスがどう変わったかということを重要視していま す**。それを定点的に追って、ちゃんとしたデータサイエンスチームで分析して、うまくいっていなければ、また商品開発する。このサイクルで取り組んでいます。

POINT

角間　ところで、D2C企業と呼ばれることについてはどう捉えていますか？

下川　実はD2Cについての知識があまりなく、「InstagramとかTwitter使うのが

D2Cですか?」くらいのレベルなんですよ。つまり、僕たちはD2C屋さんではなく菌屋さん。菌屋さんとしてサブスクリプションをやっていくうえで、直接ユーザーに商品や情報を届け続けるためには、D2C一択しかなかったという感じです。

角間　後から考えたらD2Cだったということですね。

下川　デジタルがどうこうという以前に、**ユーザーとのコミュニケーションの量と質**だと思っています。そうでなければ、何十年も前から単品リピート通販の商品は腐るほどあるのに、なぜあれをD2Cと言わないのか、と思うはずです。

POINT

だから、より高頻度に、無料でより広く、コミュニケーションの量と質を向上できるという点がD2Cの真の特徴であり、偉大な発明だと思うのです。

角間　確かにそれは言えますね。

下川　僕らがいまInstagramやTwitterを使ってやっているコミュニケーションの量なんて、10年前じゃ絶対理解もできないくらいのレベルですよ。だって昔は全部手紙とかでやっていたわけでしょう。

POINT

つまり**D2Cというのは、コミュニケーションの革命**なんですよ。

ただ、コミュニケーションは同梱物くらいで、昔からある単品リピート通販とどこが違うのかわからないD2Cブランドも多いですけどね。

角間　D2CのDはdirectのD。その「直接」の意味合いと質が、D2Cの仕組みで変わったと

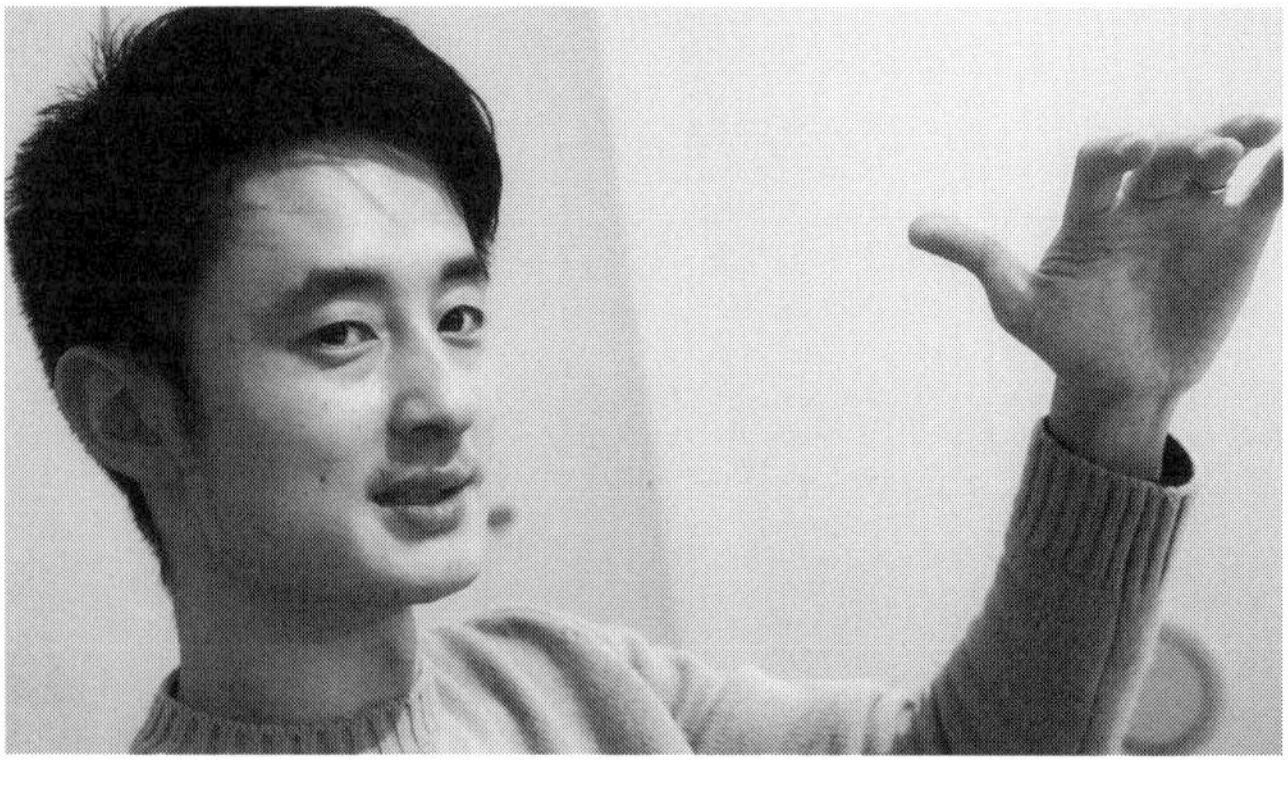

いうことですね。御社のコニュニケーションの量と質という点について、もう少し具体的に教えていただけますか?

下川　LINEではユーザーから毎日何百件という直接の連絡が来ますが、それに対してももちろんコミュニケーションしていますし、Instagramだと1対1のDMのほか、1体Nのストーリー、インスタライブ、投稿を使ってコミュニケーションをとっています。だから全部合わせると1日に何千という感じです。

角間　LINEは1対1なんですか?

下川　はい。ただしユーザー会員さん限定です。会員になっていただくとLINE登録の案内が行って、購入した商品の質問から、その他の生活習慣の悩みまで、何でも相談できる仕組みになっています。

角間　そのサービスを期待して入会する方も多そうですね。

下川　はい。多いと思います。

角間　そのスタイルだと確かに単品リピート通販を買っているのとは明らかに違いますね。

下川　コミュニケーションが濃すぎて、もう変な話、沼です（笑）

角間　こういう美容・健康商材の場合、いわゆるインフルエンサーや美容家の活用は定石だと思いますが、実際にそうした事例はありますか？

下川　もちろんです。ただし、インフルエンサーとしての仕事ではなく、KINS

POINT

主催のセミナーなどを通じて実際に商品を使ってみて、商品の品質を実感してくれた方が、ご自身で積極的に自分の声でSNSなどにアップしてくれています。そういう方とは自然と個人的に仲良くなるので、インフルエンサーというより「フォロワー数が多い知り合い」という感じです。

角間　セミナーというのはどういうものですか？

下川　1カ月に3〜4回、僕が2時間ただひたすら「菌ケア漫談」をやるというものです（笑）。そこに来てもらって、みんなに勉強してもらって。まあ、言ってみればドブ板営業です。

角間　早い段階でそうした座談会や勉強会をやるのは絶対に良いと思っているのですが、どれくらいのタイミングでしたか？

下川　最初の半年くらいですね。最初は誰もKINSのことを知らないので、知ってもらうためにやるべきことは全部やるという感じでした。**僕らはブランドの世界観を重要視したので、最初は広告になるべく頼らないようにしました。**でも、そうすると、もう地獄なんです。

POINT

角間　地獄……ですか？

下川　**お金で広告を買えば、インプレッション取るのなんて簡単なんですよ。でも、そこで何を失うかというと、ユーザーの熱量なんです。**僕らのビジネスは、熱量の高いユーザーさんをいかに獲得するかにかかっているので、広告ではなくSNSのインプレッションを僕にハマった人からの発信で埋め尽くすことが重要。そうすると、その発信を見たフォロワーがこっちのフォロワーに変わっていって、僕の発信にそのフォロワーがついてくるという、一種のフォロワーの転換が起きてくるんです。そういうことをひたすら最初はやりまくってまし

POINT

た。

角間　それは確かに地獄かもしれません。2020年の1月からは、ネットラジオ(https://anchor.fm/yourkins)も始めたそうですね。

下川　ネットラジオはどちらかというと、KINSにハマりきった熱心なファンのためのコンテンツとして捉えています。**耳から入る音声メディアはファンの方とのエンゲージメントを高める、ファン度を増す作用があるようです。**

POINT

角間　お客さまの反響としてはどうですか。一番コアなファンの方がリスナーだから、やはり喜んでいらっしゃるんでしょうか？

下川　実は音声メディアは男性と相性がいいんですよ。通勤のときに聞いてくださることが多いみたいで、先日もラジオを聞いた男性の獣医さんから、熱いメッセージをいただきました。あと、消化器内科の先生もずっとラジオを聞いてくれているみたいです。

角間　プロ同士だから通じ合うこともあるのでしょうね。あと、ユーザーの解約率がとても低いと聞いています。そのために何かやっている施策はありますか？

下川　色々あるんですが……**とにかくユーザーの情報をリアルタイムで聞き、それに対してひたすら答え続けるというサイクルを愚直に続けています。**こちらで作ったサプリを使用したユーザーから「全然治らない」と言われて、「ああ、そうですか」で済ますわけにはいかない。

じゃあ、今度はその人たちに合うような物を作ろう。あるいはお客様さまが求めているものが市販されていないから自分たちで作ろう。実際に作ってみたら「すごく良かった」という人と「私は駄目です」という人に分かれた。じゃあその駄目だという人たちのためにまた別のものを作ろう……**こんな**

POINT

PDCAをひたすら回してきたことが、解約率が低い点につながっていると思います。

POINT

角間　なるほど。

下川　あとは、**KINSのストーリーにみんなを巻き込んでいる**という意識はあります。その意味ではエンタメに近いかもしれません。Netflixのようなコンテンツとサプリを一緒に提供しているような感じです。

POINT

角間　もはや一つのムーブメントというか、文化という位置づけですね。

目指すのはオンラインとオフラインが融合した全く新しい形のクリニック。

角間　店舗展開や卸売の予定はありますか？

下川　とりあえずはポップアップを検討しています。コロナの関係でどうなるかわからないんですけど。あと自社店舗も一応考えてはいます。卸売については、ブランドイメージが崩れないことを最重要視して、順次展開している感じです。

角間　すでに卸しているんですね？

下川　現在はESTNATION《エストネーション》とRESTIR《リステア》という２つのセレクトショップに置いてもらっています。どちらもラグジュアリーなショップです。あとは百貨店からもポップアップなどすでにお話をいただいていますね。

角間　起業スタイルと同様、あくまでも上流からというわけですね。

下川　もちろん早く多くの方の認知を得たいという気持ちはあるのですが、急がば回れとも言います。短期決戦の部分が僕らスタートアップにはあるものの、長期でモノを考えなければいけない側面もあるわけです。そう考えるとドラッグストア・チェーンなどは、当然インプレッション的には高いんですが、イメージ的にマイナス方向というか、それを現状のKINSユーザーが見たら、明らかに残念がるだろうな、と。**もはや「私のKINS」になっているので。**

POINT

角間　店では試しに1回という買い方もできるんですか？

下川　はい。逆に全て単品購入になります。

角間　ということは、ネットでは定期のみ？

下川　いえ。単品でも売っているんですが、定期購入じゃないとスキンテストなどの検査がついてきません。

角間　どうですか、早く直営の実店舗を持ちたいですか？

下川　どちらかというとクリニックの方を持ちたいですね。

角間　店舗ではなくクリニック？

下川　クリニックの時代にできなかったことを今やれているのは嬉しいのですが、逆にクリニックでしかできないこともあるんですよね。例えばＬＩＮＥ相談には結構難しい疾患の悩みが持ち込まれたりするんですが、何も言えない、診断もできない。

角間　特定のクリニックを紹介するわけにもいかない、と。

下川　ええ。だから僕が今思い描いているのは、**遠隔診療（オンライン診療）とSNSと実店舗を融合したD2Cクリニック**です。このアイデアは僕がクリニックにいたままだったら、絶対に思いつかなかったと思います。クリニックだと、患者さんが帰ったら、関係がいったん絶たれて、その後のことは全く分からない。それが当たり前だったんですから。

POINT

角間　それはオフラインの課題ですよね。

下川　そうなんです。その部分がブラックボックス状態。でも、オンラインはずっと明るい。だからタッチポイントが多い。タッチポイントが多すぎるのも課題ではあるのですが、それさえクリアすれば、どう考えたってオンラインの方がお客さまにとっても店側にもいいはずなんです。

角間　確かにそうですね。

下川　ただし**オンラインだけでは完全じゃない**。恋愛と一緒で、アプリで恋人を見つけても最終的には会うじゃないですか。日頃のコミュニケーションはチャットでも、ここぞのときは会わなきゃいけない。

POINT

角間　オフラインとオンラインをうまく使い分ける感じですね。

角間　D2Cクリニックはまさにその形で、病の根本にアプローチするという課題の解決もできるし、診断するまでもないものはKINSが拾えばいい。しかも実店舗は数店でよくて、遠隔診療の枠だけが広がっていけばいい。変な話、1平方メートルの小さな売り場が無尽蔵に広がっていくようなものです。そう考えると将来は、店舗というよりクリニックでいくんだろうと思いますね。

角間　ところで、LINEで相談に乗ってくれるコンシェルジュは下川さんですか？

下川　いえ、複数のコンシェルジュが常時対応しています。

角間　みなさん同じニュアンスで回答するのは大変じゃないですか？

下川　一応マニュアルはあります。それと、質問と回答の事例をデータベースに蓄積してあって、お客さまからの質問を入力すると、AI（人工知能）が想定回答例を自動的に提示してくれるシステムはあります。

角間　AIが直接LINEに答えるということはしていない？

下川　していません。それだけは絶対しません。

角間　こだわりがあるんですか？

下川　僕らの商材は、かなりセンシティブなので、ちょっとでも間違ったことは言えないというのが大きいです。

第一、ユーザーは僕らにAI的なものを求めているわけじゃないと思います。大事なのはやはりUX（ユーザー・エクスペリエンス）であり、疑問に答えてほしい、不安を解消してほしい、コンシェルジェと交流したい。**こうしたユーザーの期待に真摯に応えるには、人の手で地道にやるしかない。**今でもそこは手を抜けないので、常にチェックして、コンシェルジュのスキルを高めています。

POINT

角間　これまで何社かD2C企業を取材していますが、みなさん共通しているのは、すごく地道な作業の積み重ねなんですよね。

下川　はい。正直かなり泥臭い仕事です。

角間　スキンテストは半年に1回やっているそうですが、客寄せのためだけなら、本来は最初の一回だけでいいですよね？

下川　そうです。だから僕らは、健康食品とか化粧品で一番やっちゃいけないことをやっているんですよ。だって、結果が出なかったら自分たちの首を締めることになる。でも、僕らはそこに真剣に取り組むという姿勢を大事にしているから、**どんなマイナスな結果が出ようとも、ちゃんとデータとして蓄積するようにしています。**ここがたぶん一番勇気がいるところです。

POINT

角間　実際に「結果が悪かった」なんてこともあるんですか？

下川　もちろんです。体感はいいんだけど、検査結果が悪くなったという人もいます。正直なところ、菌の検査のデータベースってまだ進行途中で、本当にその数値が悪化していることを示すものなのか、見方によって全然変わるのですが、現時点で考えられる原因や対処法などを親身に説明しています。

元マーケターの観点からみても、D2Cはまさに「革命」といえる。

角間　海外展開は検討されていますか？

下川　はい。コロナがなければ、ニューヨークをターゲットに越境ECをオープンさせる予定でした。

角間　ところで、長引くコロナの状況で、多くのECサイトが追い風になっていると聞きます。御社の場合はいかがですか？

POINT

下川　はい。**2020年1月の月商と年末の12月の月商を比べると、月商ベースで19倍に伸びました。**

角間　それはすごいですね。なぜだと思いますか？

POINT

下川　おそらく、コロナに対する「免疫」から「腸活」への意識の流れがあったんだと思います。そこに僕らの発信がばっちりハマった。**しかも商品の体感を、いわゆるインフルエンサーではなく、普通のユーザーの方々が口コミとして定期的に発信してくれたのが大きいです。**

角間　そっちの方が信頼度は高いですからね。

下川　僕らのInstagramって、物が買われるまでの興味・関心・信頼・牽引性・オファーまで、全部SNS上で演出されているんですよ。広告ほどのスピード感はありませんが、じっくり時間をかけて、着実に成長させていくモデルができ上がっている。しかも、**広告は何度見てもLP（ランディングページ）が変わらないのに、SNS、特にInstagramの場合は毎日LPの内容が変わるようなもの。つまり全く別の広告が表示されるのと同じなんです。**

POINT

角間　確かに。

下川　さきほど申し上げた売上が19倍という話ですが、広告費に関してはたった2倍しか増えていません。**だからCPAがとんでもなく低い。それでいてLTV**

POINT

はものすごく高い。最高に調子いいときはＣＰＡが２０００円でＬＴＶを７００００円も取りました。実は僕、20代の時にマーケターもやっていたので、このモデルがいかに革命的か肌感覚でわかるんです。

ＣＰＡとはCost Per Actionの略で、顧客一人のコンバージョン（広告をクリックしたユーザーから成果を獲得すること）にかかるコスト。顧客獲得単価。一方のＬＴＶとはLife Time Valueの略。ある顧客が、取引を開始してから終了するまでの期間に、自社に対してどれだけ利益をもたらしたか、収益の総額を算出するための指標。「購買単価×購買頻度×契約継続期間」の計算式で表現される。

角間　ＣＰＡが低いから、そのぶんデザインやコピーライティングに費用をたくさんかけられるんですね。

下川　まあ、そこは先行投資なので、利益率は大したことないのですが、投資家からは「もっと投資してくれ」と怒られています。じゃないと、投資した意味がないからって。

角間　ある意味すさまじいビジネスモデルですね。ちなみに、医師になった後にマーケターになったんですか？

下川　研修医のときです。どこの地域も歯科医院は飽和状態。このまま歯科医師になっても埋もれるだけだから、**「コンテンツ」と「マーケティング力」の両方が必要だ**と考えました。どちらも一朝一夕には身につかないものだから、同時にやろうという感じです。

POINT

角間　研修医でマーケターなんて人、ほかにいなかったのではないですか？

下川　はい。だから仲間内の飲み会でも、周りはインプラントがどうとか、削り方がどうとかいう話をひたすらビール飲みながらやっているんですが、僕だけ「しじみを2000万円売った」なんて話をしている。浮きましたね。

ある人はめっちゃ説教してくるし、ある人は「こいつ狂った」と思って一切話しかけてこなくなりました。でも、申し訳ないですけど、内心「そんなんじゃ歯医者としてうまくいかないよ」って思っていましたけどね。

角間　歯科医師になってもやっていたんですか？

下川　歯科医師の報酬の5倍はアフィリエイトで稼いでいました。20代の時はもうひたすら目が「¥」マークになっていましたね。

そのかわり誰よりも早くベンツに乗ったし、誰よりも早くポルシェに乗りました。でも、金儲けを突き詰めると、先がなくなっちゃうんですよ。よく「金儲けに走っても何も残らないよ」と他人から言われたんですけど、その通りでした。

それで、30代で「このまま人生終わったらやばい」と気づいて、そこから一気にコンテンツ側に走って、いまのメインテーマである「菌」に出会ったという感じです。

角間　なかなかできない経験ですね。

下川　だから逆にいまはお金に興味がないから、原価率とかあまり気にしていません。最初に事業計画を立てたときも、「CPAをこんな低く設定できるわけがない」「解約率がこんな低いはずがない」ということを散々言われました。「正しいことをしたいのはわかるが、それは会社がうまくいってから趣味でやりましょう」と言われました。「きれいごとではビジネスは成り立たない」と。

角間　スタートアップの社長には一番効く言い回しですね。

下川　でも、僕としては、金儲けするだけなら20代のころの生活に戻ればいいだけの話です。そうではなく、**その「きれいごと」を突き詰めたら、その先には何が待っているのか……という仮説検証のために会社を設立したので**。

POINT

角間　すばらしい。これぞD2Cみたいな話ですね。

下川　だから、初月からいきなり赤字スタートでした。

角間　でも、その金儲けという壁を越えられる人が増えれば、もっと世の中楽しくなる気がします。

下川　そうですね。さすがに全部の常識を覆すのは大変だけど、せめて半歩ずれたことにチャレンジする気概は持って欲しいと思います。だって、僕らがやっていることって、引いて見るとただのサブスクリプションじゃないですか。そういうことにチャレンジしないんだったら、起業する意味なんてないです。

角間　これまでのモデルと同じということですね。

下川　よくあるD2Cで「パーソナライズ商品」といってアンケート取るけど、中身はほとんど一緒で香りだけ違うとか、ちょっと花をつけただけとか。それって半歩どころか全くずれてないですよ。**僕が言う「半歩ずれる」という意味は、「代わりが利かない」ということです。**

POINT

角間　「代わりが利かない」とはどういうことですか？

下川　うちは「KINS」が明日なくなったらどれだけ困りますか」というアンケートを取っていま

す。**ユーザーの92%は「明日なくなると困る」、そのうち50%は「ないと死ぬほど困る」と答えてくれているんです。**仮に100億円の売上げがあるブランドでも、そこまで困る人はいないと思います。

POINT

角間　それだけブランドの求心力があるということですね。下川さんだったら普通のビタミンCのサプリメントでも、バンバン売りそうな気がします。

下川　いやいや。僕自身がそこに熱量もないので。**きれいごとって熱い想いがないと生まれないですよ。**

POINT

角間　まさに。いまD2Cではそういう〝誰が何のためにやるか〟というところが重視されてきているように思います。

下川　そうですね。ただ、そこは僕はちょっと要注意だと思っていて。最近いろんなブランドが「ストーリー地獄」になっているような気がします。**熱い想いには磁力があるので、中心に中身がないと、惹きつけられた人が機会損失を起こしてしまう。**だから、熱い想いを持つ人は、それと同じだけの「質」を担保してないと、お客さんがかわいそうだと思います。

POINT

角間　最後に、D2Cブランドを始めたい後輩に向けてメッセージを。

下川　スタートアップの方法としては少数派かもしれませんが、**最初から100%振り切ってリスクを取って、たくさん資金を調達して、すごいチームを最速で作ることにフォーカスするのが**

POINT

成功の最短ルートだよ、とたぶん教えます。僕がもう一度ブランドを立ち上げたとしても、おそらく今までの半分くらいの時間でできるとは思いますが、やり方はきっと同じでしょうね。

第2章

「D2C」とは？

「通販の言い方が変わっただけ」と思っていませんか？

2020年、全世界に影響を与えたコロナ禍により、多くの人が直接店舗に買い物に行きづらくなりました。インターネットを使い、パソコンやスマートフォンで商品を購入するネット通販が世界的にふたたび注目を集めています。

その中でも特に、新規のアパレル企業やコスメ、健康食品など、ネット販売に強い商品で、この本のタイトルでもある〝D2C〟という言葉を冠にしたブランドが注目を浴びています。

D2Cとは、直訳すると「製造直販」を意味します。

「製造直販」というと、商店街のパン屋さんから、テレビCMで販売している通販も製造直販です。では、なぜいまさら英語に言い換えただけのキーワードが流行っているのでしょうか？

私はある調査をしました。

Ｄ２Ｃブランドの経営者が集まる会合で、改めて「Ｄ２Ｃって何ですか？」と質問をしました。

するとこんな答えが返ってきました。

「『通販』の言い換えでしょ？」

「ブランディングやマーケティング用語ですよね」

「海外で流行ってる売り方かな」

「直販以上の意味はなく、響きがカッコいいから使ってます」

このように、さまざまな回答が返ってきました。

D2Cは単なるバズワードか？

こうした専門用語っぽい、あまり深い意味はなく、定義も用法も曖昧な言葉を「バズワード」といいます。

「D2Cは単なるバズワードである」といえば、うなずく人もいるでしょう。

バズワードは半年もすれば消えていきます。

しかし、D2Cという言葉は生き続けています。

そこには明確な理由があります。

「既存の製造直販とは違うビジネスを実行する会社があり、彼らが稼ぎ続けている」からです。

言い換えると、こういうことではないでしょうか。

「ものすごいチャンスと儲け方があるのに、カタカナ言葉が先行していて、やるべき

ことが多くの人の腹に落ちない」

これが　日本国内のＤ２Ｃにおける現状といえるでしょう。

さて、「ただの直販」と違うこのビジネスモデルの本質とは何でしょう。世界を変えていくとまでいわれるＤ２Ｃの正体、それをみなさんと共有することが本書を解き明かす最大のポイントとなります。

Ｄ２Ｃと既存のビジネスの違いを明らかにする

Ｄ２Ｃを「製造直販」と直訳したり、意味がわからないまま使っている限り、理解がずれ続けます。社内のＥＣチームが同じ認識で動かなければ、正しい結果は出るはずもないです。

しかし、残念なことにＤ２Ｃという言葉は「独り歩き」をしている部分も多く見受けられます。この答えを出すために、既存の物販およびネット通販サービスと、Ｄ２Ｃ型サービスを比較してみました。

消費者の立場で考えると、どの商品が欲しくなりますか？

丁寧な接客で上質なトレンドの商品を買いたいなら確かに百貨店かもしれません。

図1　D2Cと既存のサービスの比較表

	既存の 百貨店での物販	既存の ネット通販サービス	D2Cな 物販サービス
商品	流行を取り入れた 商品	とにかく一度 買いたくなる商品	継続的に 買いたくなる商品
集客	雑誌・テレビ等の 広告	インターネット 広告中心	ソーシャルメディア 等PR中心
販路	百貨店に卸す	モールに出品	自社ストアで販売
重要視	月次の売上	月次の売上	一人あたりの 総売上（LTV）
製造場所	中国をはじめ 海外が多い	中国をはじめ 海外が多い	手元（国内）が多い
消費者の志向	聞きづらい	聞きづらい	直接聞ける
製造原価	低い事が多い	低い事が多い	高い事が多い
販売経費	百貨店が持つ	モールが持つ	売り手が 責任を持つ
こだわり	製品にのみ注ぐ	製品にのみ注ぐ	顧客が手に取る までの全ての 体験にこだわる
どの時代の ビジネス モデルか？	昭和	平成	令和

とにかく買ってみたいならネット通販も便利です。

ところが、購入をゴールとはせず、顧客が商品を使うことで生活が豊かになることをゴールとし、徹底的に顧客のことを考えて作られた商品であればどうでしょうか。

D2Cブランドには、百貨店の冠やネット通販サイトほどのネームバリューはありませんが、それだけで信頼が足りないとしてしまうのはあまりにもったいない判断です。D2Cブランドは国内生産であることも多く、継続的に購入したくなる魅力的な商品が多いのです。

D2Cの正体とは？

さて、では、「D2Cの正体」を明かしましょう。

D2Cの柱は、次の3つの要素です。

①デジタル主体な製造直販

②ＰＲ・ブランディング・コミュニティ重視
③体験を押し上げる製品

この３つに共通しているのが、「直接」という点です。①デジタルを活用して直接訴求する、②直接ＰＲしブランディングすることでコミュニティを築く、③直接のコミュニケーションで得たデータやフィードバックを製品に反映することで価値を高める。

つまり、Ｄ２Ｃと既存の販売方法の大きな違いは**「〝直接の施策〟で消費者の体験（User experience＝ＵＸ）を押し上げること」**。ここにＤ２Ｃとこれまでの製造直販の違いがあります。

売り手にとって最も大事なのは、卸問屋でも、マーケッターでも、広告代理店でも、ショッピングモールでもなく、「お客様の心地よい体験」が最優先なのであり、それがすべてと考えるのがＤ２Ｃです。

つまり、消費者の体感できる品質・サービスの向上に徹底的に注力してモノを売るのがＤ２Ｃなのです。

あなたは「クルマ」を売るのか、「幸せ」を売るのか

商品の所有を価値とする消費を「モノ消費」、商品を購入したことで得られる体験を価値とする消費を「コト消費」といいます。

たとえば、自動車を例に挙げてみます。

自動車はハードウエアの機能が重要です。

一部のマニアにとっては、機能がすべてかもしれません。

しかし、日常的に使う人にとっては、ハードウエアの機能ばかりが最優先されることはありません。デザイン、乗り心地、体感、すべてがトータルに顧客満足につながります。

「このワゴンを買えば、家族5人でキャンプに出かけられて、夜にはルーフから星空

図2　D2Cの3つの要素

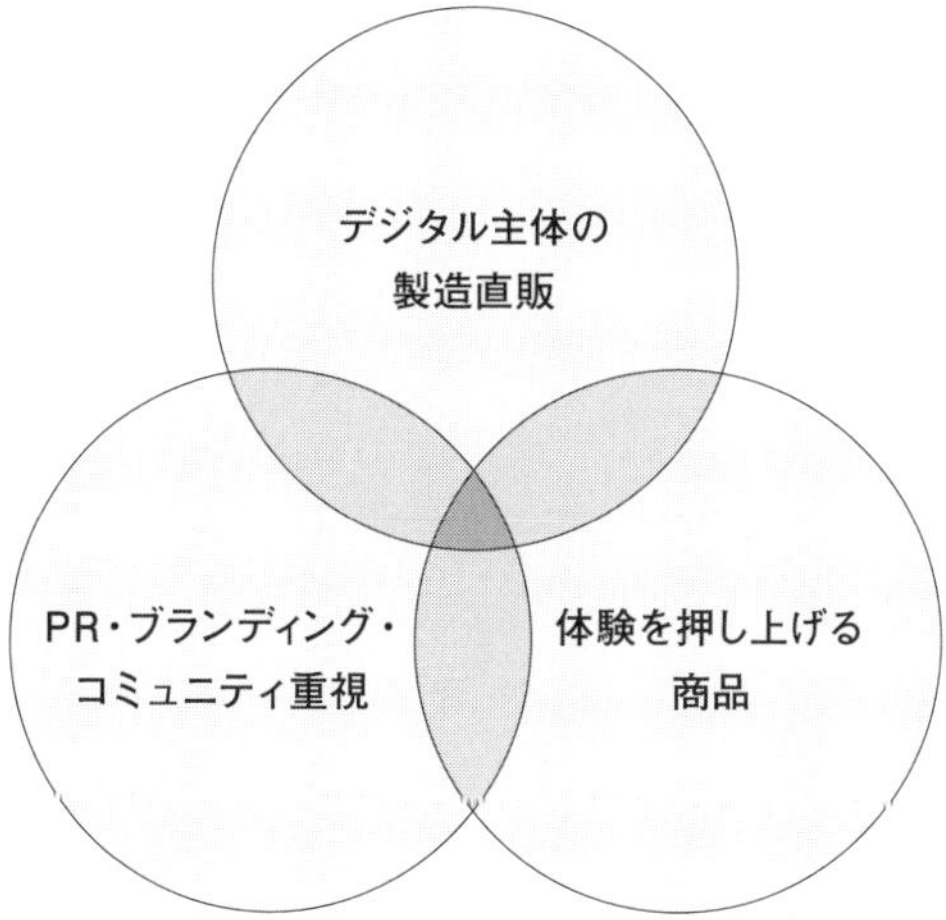

をみんなで眺めることができる」

このような「体験そのもの」が提案できるかどうかが、今後の消費のトレンドです。

近年「コト消費」が着目されている理由は消費の成熟化にあります。

「モノはすべて揃っており、市場にもあふれている」が現状です。

その中で「うちの商品のほうが安い」「うちの商品性能のほうがよい」では、競争優位性は下がる一方となるでしょう。

「コト」を最重要視して展開するＤ２Ｃブランドは「これからの世代のスタンダード」といえます。

「直販×デジタル×体験」の幸福な関係

ただし、矛盾するようですが、D2Cは「これをやればD2C」という明確な答えがある言葉ではありません。「D2C的」「D2Cの文脈」「D2Cなやり方で」といった使われ方をすることが多いです。

というのも、取り扱う商品によって、消費者に提供する「体験」の種類が異なるからです。しかしながら、前述のようにD2Cには大きく次の3つの要素が関連します。

①デジタル主体の製造直販
②PR・ブランディング・コミュニティ重視
③体験を押し上げる商品

これら3つに該当する企業がD2C企業と呼ばれます。

すべての消費活動は「Ｄ２Ｃ化」していく

さて、ここまでお読みいただいて、まだ「自分には関係がない」「自社の商品はＤ２Ｃになりえない」とお考えでしょうか？

しかし、みなさんも薄々感じていることでしょう。Ｄ２Ｃ（体験至上主義）はバズワードではなく、もはや世の中のすべてを取り込もうとしています。

広義のＤ２Ｃ企業といえるスターバックスやユニクロなしの暮らしには、私たちはもう戻れません。

たとえば、企業の人材採用においても、以前は「給料」「福利厚生」などがビッグキーワードでしたが、今は「入社後のあなた」などの文言を前面に打ち出す企業が増えてきています。

中古市場では、以前はリサイクルショップを経由していましたが、最近はアプリを使い、ユーザー同士がコミュニケーションを取りながら直接売買するのが当たり前になりました。

すべては「体験」「コト売り」の時代なのです。

消費活動を中心に、現在では世の中の全てのジャンルでD2C化が進んでいます。

現在、まだまだこの変革のスタート地点です。

本書では、顧客をつかんで離さない「D2C」の正体を明らかにした上で、この新しいビジネスモデルを自身のビジネスにどう腹落ちさせていくか、そのノウハウをお伝えします。

第3章

海外で本格化するD2Cの波がやってきた

コロナ禍で存亡の危機に立たされるアパレル企業

かつては日本一の売上高を誇ったアパレルの老舗企業**「レナウン」**の倒産は、「ついに大企業でもコロナ倒産が始まった」と、多くの人が痛感する出来事だったのではないでしょうか。ギャル文化を流行させた**「CECIL McBEE（セシルマクビー）」**も2021年2月までに全店閉鎖し、運営会社のジャパンイマジネーションは、独自性の高いブランドのみ存続させることとなりました。

このようにアパレルの大量閉店が続いており、2020年度の退店数は全体で3000店舗以上。アパレルの上場企業12社のうち、半数が赤字に転落しているといわれています。

レナウンをはじめ、オンワードホールディングス、ワールド、TSIホールディングス、三陽商会など、大量閉店しているアパレル企業の多くは、百貨店・ショッピングモールを販路とする「卸売」業態が多いことがわかっています。レナウンは、売上の6割が百貨店向けの高級ブランドでした。これは他ブランド同様、2020年春から始まったコロナ禍での休業・自粛の流れにおいて大きなマイナスとなりました。

卸売型ビジネスであるこれらのアパレル企業は、基本的に多くの在庫を抱え、セールやアウトレット店舗で割引をして在庫を消化しています。しかしコロナ禍では密となるセールを実施する動きは弱まり、在庫過多の負のスパイラルに陥っています。

コロナが倒産に拍車をかけた

こうしたアパレル企業の業績不振は、いまに始まったことではありません。

レナウンは30年近く業績悪化が続いていました。三陽商会は2015年に英国の老舗ブランド「バーバリー」を失ってから売上が急速に落ちていきました。しかし低迷の兆しはバブル崩壊後の百貨店低迷期からすでにありました。

ユニクロなどの大手ＳＰＡ方式のファストファッションの台頭で「お値段以上」のモノが溢れ、わざわざ百貨店に高い服を買いに行かなくとも十分な品質の服が近くで手に入るようになっていたからです。

ユニクロなどに対抗するために、百貨店はセールを前倒ししたり、期間を長くしたりを繰り返し、それでも売れないため、さらに大量に生産し安く売るという悪循環が続いていました。ライバルであったユニクロやニトリが百貨店に出店してから、すでに何年も経ちます。百貨店は上質で特別なライフスタイルを発信していた憧れの存在から、ただのブランドショップの集合体、さらに言ってしまえば駅前のショッピングモールのような存在になりつつあったのです。

つまり、新型コロナウイルスによる影響は最後の一打撃に過ぎないということなのです。

これらの企業に共通しているのは「コロナ以前から経営が低迷していた」ことですが、加えて出店料の高い都心の百貨店や郊外のショッピングモールへの出店が多かったという共通点も挙げられます。

店舗数が増えると生産数も増やさなければならず、当然在庫も増えます。かといって在庫を減らすためにセールを行うと、利益が減ってしまいます。重ねてテナント料という固定費が売上を圧迫するという、負のスパイラルに陥りやすいビジネスモデルです。コロナ以前のような消費行動が期待できなくなったこれからの日本において、既存のアパレル企業の多くが存続の危機に立たされるでしょう。

しかし、こんな状況でも売り上げ好調なのが、「ワンマイルウェア」や「トレーニングウェア」といったジャンルです。テレワークや巣ごもりによって〝自宅で快適に過ごす〟ことの価値が高まったことで、オンラインミーティングでも問題がなく、仕事の合間の散歩やコンビニなどのちょっとした外出（まさにワンマイル＝約1・6キロの範囲内）もできるリラックスウェアに注目が集まりました。

〝おうち時間〟を快適に過ごすためのルームウェアやパジャマも非常に好調です。そして密になりやすいジムを避け、自宅でトレーニングする〝宅トレ〟の流行や健康意識の高まりから、ウェルネス関連商品も人気となっています。もちろん、これらの好調なブランドの多くはECサイトを持っており、世の中のニーズの変化に素早く対応した成果であることは忘れてはいけません。

アパレルで生き残ったのは結局「D2C」だけだった

テレワークや巣ごもりによって、オンラインで買い物をする行為がいっそう当たり前となりました。アパレルの場合、試着や接客などの「体験」ができないのはオンライン販売の弱みですが、それをうまく工夫して逆に強みに変えている企業もあります。

たとえば**「GLOBAL WORK（グローバルワーク）」「LOWRYS FARM（ローリーズファーム）」**などを展開するアダストリアの2020年3―5月期（第1四半期）におけるEC売上高は、前年同期比25・7％増の134億円。EC化率は23ポイント増の42・8％です。自社ECが占める割合も22・7％と同12・7ポイント増。同社では、インスタグラムでのライブ配信でスタッフが着こなしや生地感などを説明する動画が人気となりました。これは今流行りのライバーやインフルエンサーによるビジネスに似ています。コロナ禍のためスタッフは自宅から着こなしなどの投稿をし、それを会社がサポートしています。

婦人服ブランド**「STYLE DELI（スタイルデリ）」**はブログで顧客とスタッフが密にコミュニケーションを取り、一種のコミュニティを形成しています。ブログの月間ページビューは100万を超えるそうです。スタイルデリを運営するアパレル会社ネバーセイネバーの齊藤英太社長は2020年4月にD2Cのコンサルティング会社を設立。D2C強化に取り組むブランドの支援に乗り出しています。

オーダーメードスーツのD2Cブランドを展開する**「FABRIC TOKYO（ファブリックトウキョウ）」**はこのコロナ禍で店舗の大半が営業停止したにもかかわらず、顧客データを活用してヒット作を生み出しました。同ブランドは、体型だけでなく顧客それぞれのライフスタイルに合うビジネスウェアを提供することをコンセプトとしており、一度来店して採寸すればその体型データがクラウドに保存され、以降はオンラインでオーダーメイドの服を簡単に注文できます。

女性のキャリア服に特化するブランド**「kay me（ケイミー）」**は、元々オンラインを主軸としており、店舗は補完的な存在だったため、コロナ禍により店舗が休業してもその分ＥＣの売上高が3割増えるなど好調です。すでに数十万人の会員データを取得していたことが功を奏し、オンラインでスタッフが着こなしの相談に乗る「オンラインカルテ診断」を開始するなど、環境の変化に迅速な対応をみせました。

既存のブランドが次々と大手百貨店から撤退するなか、同ブランドは２０２０年10月にそごう横浜店、ジェイアール京都伊勢丹ほか数店舗をオープンさせています。

同ブランドはセールをしないことで知られ、着心地や使い勝手のよさ、品質やサステナビリティの高さなどが評価されていますが、それが消費行動において価格の安さだけを判断材料としない百貨店の富裕顧客層の「共感」を得やすく、ＬＴＶ（Life Time Value＝顧客生涯価値）を高めると判断されたからでしょう。

「ちゃんと選んだこだわりのお気に入りの服」への転換

アフターコロナの世界では、消費者の可処分所得は確実に減るでしょう。そうなると、今まで以上に真剣に商品やサービスを見極め、満足いくと判断した物だけにお金を払う消費者が増えることが予想されます。

コロナ禍でおうち時間に断捨離をすることが流行ったことや、サステナビリティやエコの価値観が広まり、大量生産のアパレルに疑問を感じる消費者が増えていることも、そうした行動を下支えしています。

一方、コロナ禍の外出自粛により、旅行やレストランなどでのラグジュアリーな体験がしにくくなったことで、その分「ちょっと良い服」を買う層も増えています。**これまでの「どこでも買えるそこそこ良い服」から「ちゃんと選んだこだわりのお気に入りの服」への価値転換**が進むことは、もはや明らかだといえます。

小売業界の常識を変えつつある「D2C」

D2Cは日本でも古くからいわれる「メーカー・工場・消費者が三方良しとなるビジネスモデル」です。

これまで小売、アパレルといえば、中間業者を介して百貨店など店舗に卸して販売してもらうやり方や、実店舗ありきのスタイルが一般的でした。
そこには以下のメリットがあります。

◎製造や物流、販売のすべてを委託できるため、商品開発に専念できる
◎定期的に大量に仕入れてもらえるので売上が安定しやすい

これらは確かに大きいメリットですが、一方で実はデメリットが多すぎるのです。
デメリットとしては次のようなことが挙げられます。

▲すべて委託してしまうため、開発以外のノウハウが貯まらない
▲消費者の顔を見ることができず、誰がいつ何を買ったなどの細かい情報はまったく得られないまま開発することになる
▲卸売業者や販売委託先にパワーバランスが偏る
▲売りたい商品より、売れる・売りやすい商品を作ることが求められる

▲様々な業者が介することで利益率が低くなる
▲消費者の目には購入した場所の商品に映り、メーカーのブランディングができない
▲下請けやOEMに依存する工場はメーカーや卸先の経営に左右されやすい

これらのデメリットは、自社ECなどで消費者と直接つながれるチャネルでの販売をするD2Cブランドにとっては、すべてがメリットになるという逆転が起こり、生産メーカーも、工場も、消費者も、全てがハッピーになる＝まさに冒頭の「三方良し」となるのです。

逆風に強いD2Cモデルの特徴

D2Cモデルにおいてはこれまでデメリットとなるものがすべてメリットに置き換わり、新たなビジネスを加速させます。それらのメリットを次のページにまとめました。

図3　逆風に強いD2Cモデルのメリット

- ☑ 中間業者を介さないため、コスト削減
- ☑ 百貨店やショッピングモールへの高すぎる出店料を払う必要がない
- ☑ 人件費削減、働き方改革
- ☑ 顧客と直接関係を築くことができる
- ☑ 顧客データを自社に貯められる
- ☑ ブランディングできる
- ☑ 売れる商品ではなく、売りたい商品を作れる
- ☑ 卸先が売りたい商品ではなく、消費者がほしい商品を作れる
- ☑ コスト削減により利益を増やすことができる
- ☑ コスト削減により同じ品質の商品を以前より低価格で提供できる
- ☑ SNSなどでリアルタイムに消費者の声を集めることができる
- ☑ SNSなどをうまく使えれば広告費も削減できる
- ☑ 生産過程やこだわりなどを公開することで、消費者からファンになってもらい、長期的な囲い込みができる
- ☑ 顧客データを分析・改善にスピーディーに活かすことができる
- ☑ コスト削減した分、低価格にする・さらに高品質にする・ポイント還元やイベントへの招待など顧客に還元する方法がたくさんある

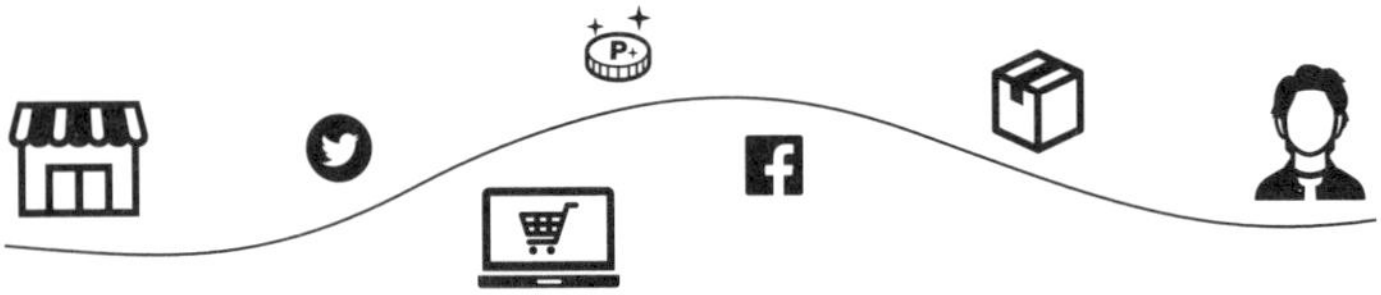

これほどまでにメリットが豊富で、インターネットで通販サイトを作るのも難しくなくなったいま、チャレンジしない手はないのではないでしょうか。

Ｄ２Ｃモデルは、日本に古来からある「モノづくり」の精神と親和性が高く、逆にいえば日本でＤ２Ｃモデルのビジネスを行う場合、ただモノを売るのでは売れません。「モノづくり」のこだわりや姿勢が、非常に重要になってきます。

D2C戦国時代に入った日本の「モノづくり」の世界

そもそも、D2Cという言葉が生まれたのは2010年頃の米国です。「Direct to Consumer」の略で、自社で企画・製造した商品を消費者に直接販売する取引形態として、インターネットを通じて販売しています。

その他、次のような特徴があります。

◎最先端のこれまでなかった商品を扱っていることが多い
◎ミレニアル世代（24～39歳の層）をターゲットにしていることが多い
◎SNSを中心に熱狂的なファンが形成される
◎投資を受けてビジネスを拡大していることが多い

◎社会課題への問題提起や売上の寄付などを行っていることが多い
◎古くからあるブランドではなく、デジタルネイティブな若者によるものが多い
◎ライフスタイルやストーリーといった付加価値を提供している
◎顧客は共にブランドを作り上げるメンバーであることが多い
◎比較的に安価であることが多い

この特徴を見て「やっぱりうちには難しい」と思った方も、どうかこのまま読み進めてください。なぜなら、米国と日本ではD2Cにおける背景がまったく異なるからです。

米国は日本ほど「安くて品質も良いもの」がないため、米国のD2Cブランドはそこを狙ってヒットしています。しかし、日本のD2Cブランドがそこを狙っても、既存の大手ブランドには勝てません。

なぜならば、大量生産・大量展開・大量消費のモデルがすっかりでき上がっており、安くて良質なものは、すでにユニクロ、無印良品、ニトリなどが扱って定着しているためです。

日本のＤ２Ｃブランドが重要視すべきは「モノづくり」

海外のＤ２Ｃブランドでは、社会問題や創業者の思い・ストーリーを重んじ、最先端のデジタルの力を駆使する「テック企業」であることが多いのに対し、日本は古来から職人によるモノづくりが盛んで一つの文化であったことから、Ｄ２Ｃブランドといえど、モノ自体にフォーカスした「モノづくり屋」的なブランドが多い傾向です。

アジアを中心とした海外生産がメインとなった昨今、国内工場の生産は非常に厳しいものとなっています。海外の圧倒的に安い生産コストに、国内の歴史あるメーカーも注文減少による倒産が続いています。

熱い想いと実績・技術のある日本の誇るべきモノづくりメーカーを続けていくために、アパレルで生き残ったのはＤ２Ｃだけだったのです。そしてそれこそがＤ２Ｃブランドが繁栄する大きな理由のひとつとなっています。

いくつか実例を挙げましょう。

◎女性木型師が作るオーダーハイヒール「ゲージ」

http://gauge.shoes/

◎シンプルな結婚式を提案するサービス「iwaigami」

https://iwaigami.jp/

◎土屋鞄出身者によるイノベーターのための鞄ブランド「objcts.io」

https://objcts.io/

◎気仙沼を拠点にした高級手編み製品のブランド「気仙沼ニッティング」

https://www.knitting.co.jp/

◎小さな町の工場による国産ソファブランド「マニュアルグラフ」

https://manualgraph.com/

◎メイドインジャパンにこだわった工場直結のブランド「ファクトリエ」

https://factelier.com/

パーソナライズ商品はD2Cと相性がいい

パーソナライズ化した商品はD2Cのターゲット層と親和性が高いと言われています。ターゲットとなるミレニアル世代は、趣味嗜好やライフスタイルが多様化しており、デジタルネイティブでさまざまな情報に詳しく、価格の安さより質を重視する傾向があります。

だからこそ、逆に多数ある商品から最適なモノを選ぶのが非常に困難でもあります。

こうした「モノがありすぎて選ぶのが大変」という悩みを解消したのがパーソナライズ化サービスです。

このサービスは特にコスメ、サプリ、シャンプーなどで有効です。

パーソナライズＤ２Ｃは購入前の顧客とのタッチポイントにおいて、アンケートやクイズ診断を行うことで事前に顧客の趣味嗜好を把握します。顧客の嗜好に合わせてプロダクトを送る際に、「送って終わり」ではなく、継続的な利用を通して顧客のファン化を促します。

パーソナライズ化商品のメリットは、消費者側が次のような体験をすることです。

◎選ぶストレスからの解放

◎自分専用という特別な体験

◎自分の欲求を満たし長く使いたいと思える商品との出会い

図4　代表的な国内パーソナライズ化サービス

MEDULLA（メデュラ）	9個の質問に答えるだけで、3万通りの候補から自分用にカスタマイズされたオリジナルシャンプー＆トリートメントが届く、ヘアケアのパーソナライズサービス。
FABRIC TOKYO（ファブリックトウキョウ）	カスタムオーダーのアパレルメーカー
FUJIMI（フジミ）	日本初の肌診断から処方するカスタマイズサプリメント
snaq.me（スナックミー）	おやつのパーソナライズ型サブスクリプションBOX。テーマに沿って入るが何が入っているかわからないサプライズ型商品も流行中。日本酒やペット用品なども。
PostCoffee（ポストコーヒー）	10個の質問に答えることで一人ひとりに最適化されたコーヒーボックスがポストに届くコーヒー体験が可能
iHack（アイハック）	ビジネスリーダー向けに顧客層を絞ったサプリメント
wellvis（ウェルヴィス）	月間1200万人を超える来訪者を誇るヘルスメディア『MYLOHAS（マイロハス）』を運営する株式会社メディアジーンと、株式会社分子生理化学研究所が共同でサービスをスタートしたサプリメントのブランド
VitaNote（ビタノート）	自宅の尿検査で栄養の過不足がわかる
COLORIS（カラリス）	高級ヘアサロンのような仕上がりを自宅で体験できる日本初のパーソナライズヘアカラーサービス
GREEN SPOON（グリーンスプーン）	瞬間冷凍された野菜やフルーツがスムージーやスープとして届く
NOSH（ナッシュ）	管理栄養士と一流シェフによって作られた健康的な食事を提供する低糖質な食事の宅配サブスク
FiNC（フィンク）	「全ての人にパーソナルコーチを」を掲げ、約150万ダウンロード達成の健康管理やフィットネスのためのアプリ
OPTUNE（オプチューン）	資生堂による毎日の体調に合わせてカスタマイズできるスキンケアサービス
pickss（ピックス）	エアークローゼットのスタイリストが洋服を選んでくれる月額レンタルサービスやパーソナルスタイリング事業

圧倒的プロダクトで勝負する戦略

「たくさんの商品の中から自分に合うものを選ぶのが大変」から消費者を解放し、簡単かつ確かな質問で、オンラインでも実店舗さながらの「個への提案」と、サブスクリプションサービスで利便性を叶えたモデルは、たしかにテクノロジーを使って消費者一人ひとりに販売するＤ２Ｃらしいビジネスモデルです。

一方、パーソナライズと相対する、圧倒的な商品で消費者を虜にしているブランドも多数あります。

圧倒的な商品で人気を集めるには、顧客が欲していて、競合他社にはない**バリューポジション**を築くことが肝となります。

以下はその代表的な事例の一部です。何に突出しているか、ご確認ください。

希少性が話題の「幻のチーズケーキ」

ECによる完全受注販売に加え、販売数量もごく少数という希少性があいまって「幻のチーズケーキ」として人気となった「ミスターチーズケーキ」。

料理だけではなく体験を提供するフレンチのシェフ出身の創業者ならではの気付きから生まれました。

チーズケーキは冷凍の状態で届くのですが、**冷凍・半解凍・全解凍と3つの食べ方を伝え、「そろそろ溶けたかな」というワクワク感とともに「チーズケーキを食べる」という時間（コト）を提供する設計が見事です。**

フレンチのシェフがレシピを公開した「ｓｉｏ」

代々木上原の人気フレンチ「ｓｉｏ」が、コロナによる外出自粛を受けて、同店の

図5　バリューポジション

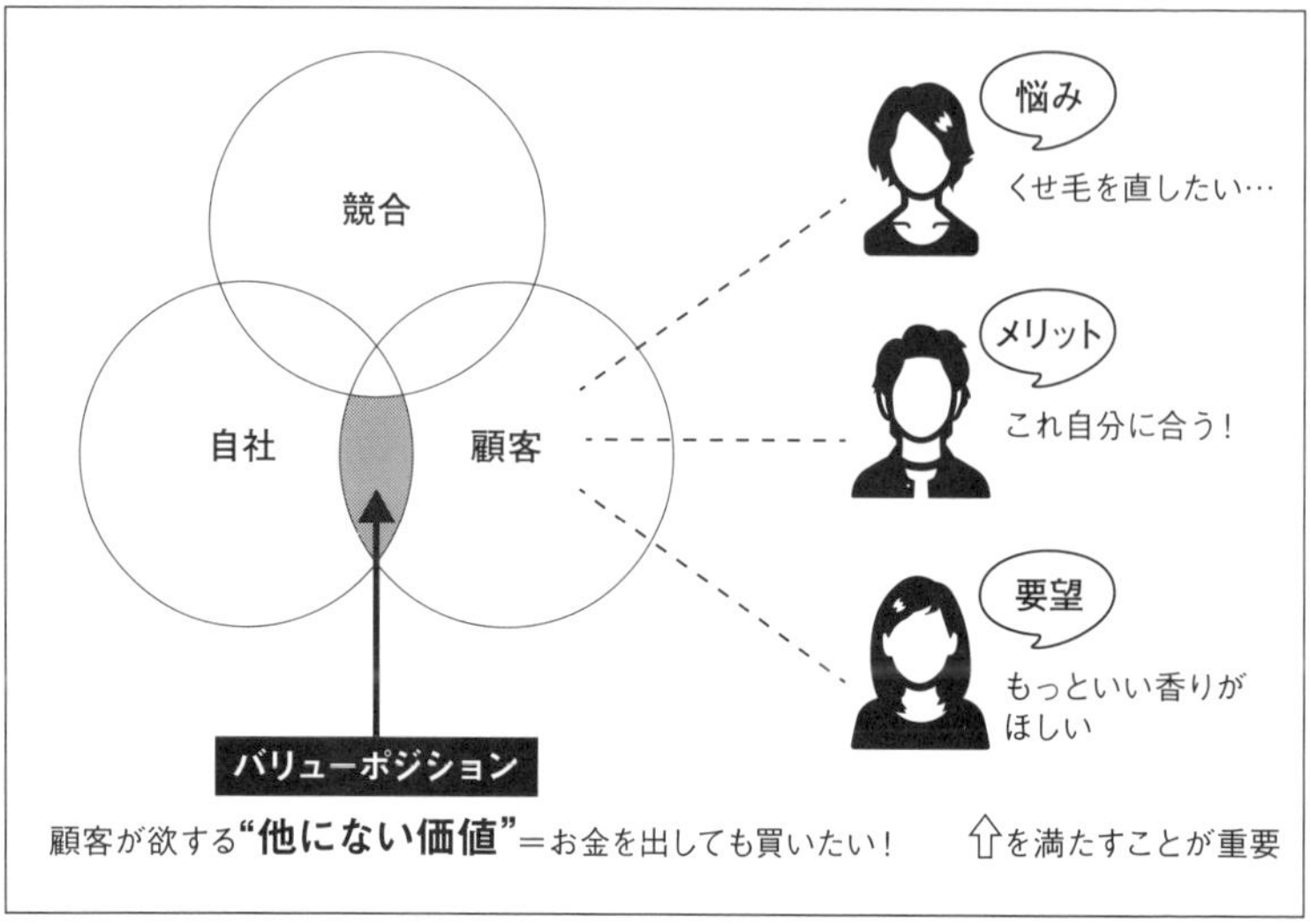

シェフ・鳥羽周作氏によるレシピを「おうちでsio」と称してnoteで無料公開して話題になりました。

本来であれば、シェフのレシピは門外不出。オンラインに設けた顧客との接点でブランドの認知が高まる状況は、D2Cの手法と酷似します。

同時期に始めたテイクアウト・デリバリー商品「sio弁当」。ラインナップのひとつである「贅沢弁当」の価格は1万円という高額な価格設定ながら、予約を開始するたびに、一瞬で売り切れるそうです。

〝幸せの分母を増やす〟という大きな企業理念がファンを構築しているさまは、まさ

にD2C的な未来のビジネスを象徴しています。

1着2万円超の高価格帯パジャマブランド「Foo Tokyo」

肌へのストレスを徹底的に排除したパジャマやウェアなど上質な「リラックススタイル」を提案し、1着2万円と高価格帯ながら、コロナ禍で好調です。2019年から2020年8月までの毎月の売上は前年同月比を上回っており、年間で約2～3倍に成長しています。

ワンプロダクトに特化してブランドイメージを定着させ、品質やブランド力の基盤を構築しながら商品の幅を広げる戦略です。

第 4 章

これからチャレンジするならD2C

D2Cにチャレンジすべき5つのメリット

コロナ禍の中、これまで考えられていた「普通の物販」が苦境に立たされています。その中でもD2C企業は売上を伸ばし続けています。本章では、その理由を分解するために、D2Cの形でビジネスをスタートするメリットを記載します。

D2Cのメリット①　デジタルで完結するため利益率が高い

たとえば百貨店に出品するアパレル企業の場合、一般的な卸売の《製造》→《卸売業者》→《小売業者》→《販売店》→《消費者》といった流れの中で、メーカーは生産に専念でき、継続的にまとまった量を購入してもらえるなどのメリットがありますが、中間の事業者に支払うコストが高いという大きなデメリットがありました。

また、その企業が自社店舗を持っている場合、中間業者に支払う費用を削減できますが、実店舗を持つこともテナント料や光熱費・人件費などの費用がかかります。

D２Cストアの場合、インターネット上で販売を完結するため、リアル店舗で販売するのに比べ、圧倒的にコストを抑えることが可能です。

D２Cのメリット②　デジタルで直販を行うため、中間手数料が抑えられる

インターネット上のショッピングモールに出店するということは、既に知名度がある賑わっている巨大商業モールに出店することに近いです。

お店を出しただけで売れるということにはなりませんが、近所の大きな商業モールに新しい店舗がオープンしたら、一度は前を通ってどんなお店か見に行きませんか？

人気ということはもちろんライバル店も多いことにもなりますが、目の前を人が常に通っている状態なので、工夫次第でお客さんに目に止めてもらうことは難しくない

でしょう。商店街のセールやイベントなどにも参加できるため、宣伝の手間もかかりません。

ところが、ショッピングモールへの出店には、出店料や月額使用料の固定費がかかります。また、多くのショッピングモールが販売毎の手数料が必要になります。

一方、自社ＥＣなら、これらのコストもすべて削減可能です。サイト制作や運営には費用がかかりますが、販売サイトに固定費を支払い続けるより、圧倒的に安く済みます。

Ｄ２Ｃのメリット③　消費者のデータをストックできる

「商品を卸す」というモデルは、ある程度の売上が予測でき、大きい単位で販売ができるメリットがありますが、消費者とのコミュニケーションがほぼできないというデメリットがあります。

これは商業モールだけではなく、インターネット上のショッピングモールに出店したときも同様です。Ｄ２Ｃなビジネスモデルの軸になっているのが、直接の販売と、直接お客さまからフィードバックを得られる仕組みであり、同時に消費者全体の消費傾向などのデータが集められます。

Ｄ２Ｃのメリット④　消費者のフィードバックをすぐに商品に反映できる

自社サイト、ＳＮＳなど様々なツールで顧客とつながるＤ２Ｃビジネスでは、顧客の反応やフィードバックを、商品やビジネスの改善にすぐに活かすことが可能です。

通常の卸売では、中間業者がたくさん入ることで顧客の声はほぼ届かないか、届いてもごく一部です。それを商品に活かしても、消費者には伝わりにくいうえ、活かすとしても中間業者が多すぎるので声が自社に届くまでに非常に時間がかかります。

Ｄ２Ｃならリアルタイムで取得でき、反映も即座に行動可能です。

顧客にフィードバックをもらい、それをすぐに活かし、またフィードバックをもらうサイクルを繰り返していくことで、顧客との信頼関係はより強いものになります。

また、ブランドを気に入ってくれたファンは、積極的にSNSでシェアしてくれ、広報活動まで行ってくれます。顧客はただの顧客ではなく、広報やマーケティングを担当する、もはやブランドに欠かせないメンバーの一員となるのです。

アパレルブランド「ALL YOURS」では、ブランドに参加してくれる人を「共犯者」と呼び、ファンのコミュニティづくりに積極的です。製品の開発プロセスの中に、顧客を積極的に加えたり、一緒にトークイベントを開催して対談したり、東京・池尻大橋の店舗の壁を一緒に塗ったりしています。まさに服を介したコミュニティづくりです。

「共犯者」にはオリジナルの名刺が渡され、非公開情報の開示や商品開発への意見が求められるほか、オンラインストアの送料が無料、交流会への参加などの特典もあり、話題になりました。

女性向けメディア「RiLi.tokyo」から生まれた「@rili.tokyo」は、Instagramを雑誌の紙面のように運用しつつ、顧客とコミュニケーションを行っています。ユーザー参加型のファッションメディアとして、メディアで共感されるコンテンツに合う製品をセレクトして生産販売するスタイルです。メディアとInstagramは雰囲気を同じにしており、顧客がどちらからでも楽しめる動線を確保しています。「#RiLiっぽ」というタグが流行するなど、世界観をファンと共有しています。

身長の低い女性向けアパレルブランド「COHINA」は、すべての画像にモデルの身長を記載し、徹底的な顧客目線がファンを生んでいます。顧客と同じ低身長のモデルを起用し、インスタライブでコメントのやり取りをしながら商品紹介することで、「自分にも着られそう」と多くの共感を呼んでいます（12～59ページのインタビュー記事参照）。

Ｄ２Ｃのメリット⑤　ブランドの魅力を直接消費者に伝えられる

楽天などのＥＣショッピングモールでストアを作る場合、そのショッピングモールの枠を使う形になるため、どうしてもショッピングモールの一部に見えるデザインで営業することになります。

この形では、ブランドの世界観を直接顧客に伝えるデザインにすることはかなり難しいでしょう。

「人の第一印象は3秒で決まる（メラビアンの法則）」と言われていますが、ECサイトも第一印象が重要です。検索してサイトをクリックした瞬間、「なんか求めてるものと違ったかも……」とすぐに前の画面に戻ったことは誰にでもあるはずです。

実際に手にとって商品を見ることができたり、販売員から商品の説明を聞くことができる実店舗と異なり、D2CではECサイトの第一印象で全てが決まります。

多くのD2C企業が自社ストアで営業をするのもこれが理由です。

自社ストアであれば、ブランドの世界観や価値観、商品詳細やこだわりをECサイトで消費者に直接伝えることができます。

Ｄ２Ｃモデルでの起業を成功させるのが難しいポイント

Ｄ２Ｃなモデルでの起業にはさまざまなメリットがありますが、難易度が高い面もあります。

１つめは、集客において広告を主軸にしたモデルではなく、ブランディングやファンへのアピールを主軸にしたモデルであるため、**利益計画が立てにくい点**です。

一般的な物品を販売する場合、広告→販売というシンプルな構成で、広告費を含めた経費を上回る利益が出すのが命題といえます。

Ｄ２Ｃ企業の場合、まずはファンを作るところからがスタートになり、どの点までいけばどう儲かるのかの予測が難しいのです。

２つめは、ショッピングモールや実際の店舗と違い、**集客の全てを自分で拡げる必**

要がある点です。広告やSNS運用・サイト運用など、商品やブランドを知ってもらうための流入経路を自分で作る必要があります。

3つめは、**軌道に乗るまでの時間が、一般的な商品開発などと比べて時間がかかる点**です。成功しているD2C企業の多くが、販売を開始するまでに半年から1年以上をかけて、商品開発やファンづくりをしています。

これら3つの課題はD2Cに限らずスタートアップ企業の課題といえます。絶対的に言えるのが、メンバー全員はもちろん特にメインとなる担当者が「魂を注ぐ」レベルで事業に取り組む必要があるということです。時間・コスト・努力・情熱の4つをフルパワーでかけなければ、事業の成功は難しいでしょう。

事前に土壌を耕しておくことでファンコミュニティを形成でき、ブランディングできることはメリットともいえますが、資金や時間などの「体力」と情熱がなければ、軌道に乗るまでの途中で頓挫《とんざ》してしまう可能性もあります。

ゼロから立ち上げるのではなく、既存商品を活かしてD2C化する

D2Cなビジネスを行うには、3つの立場が存在します。**①アントレプレナー（起業家）**、**②イントレプレナー（大企業の起業チーム）**、**③既存メーカー**です。

最後の「既存メーカー」がこれまでの売り方とは違う目線で、D2C的な商品やブランドを作るパターンは、これからさらに増えると予想されています。

これまで卸の立場で商売をしていた場合、モノづくりの経験と技術がすでにあるわけですから、既存の商品を元に、新たな顧客を創造し、コト提案など新たな目線で商品開発をすることで、ゼロから立ち上げるよりはるかに低コストでD2Cブランドを持つことが可能となります。

また、「製造メーカーがこれまで見えていた課題を元に新しいブランドを作る」と

いうのはそれだけで物語や哲学に発展しやすいため、起業をする立場として望ましいです。

メーカーの立場でD2C企業を立ち上げるなら、まず消費者を徹底的に知ることです。座談会や商品開発会を開き、これまでは直接見えなかった消費者一人ひとりに向かって、誰にどんな商品を届けるべきなのか、ブランドの価値の見直しから始めてみてはいかがでしょうか。

収支が安定しやすい卸売と、消費者と直接つながるD2C。この2つの柱を持つことができれば、変化し続ける市場のなかで、双方非常に強い会社になることができます。

【事例】D２Cシャンプーといえば「BOTANIST」の理由

２０１９年３月にはじまったBOTANISTのパーソナライズシャンプー「My BOTANIST」は９つの質問に答えるだけで、髪質や悩みにあったオリジナルシャンプーが処方可能です。

BOTANISTは、２０１５年の発売以来、シリーズ累計５０００万本を突破する大人気商品。スムース、モイスト、ダメージ、スカルプといったラインがありますが、**パーソナライズ化のきっかけは、顧客が意外にも別ラインのシャンプーとトリートメントを組み合わせることが多いと知ったことでした。**

購入データを分析すると毎月２０００人以上のオンライン会員が目的の違うシャンプーとトリートメントの組み合わせを購入していることがわかり、**４つのラインナッ**

プでは顧客の要望に答えきれていないと、ニーズの多様化に気づいたのです。

香りや仕上がりが選べるうえ、すでに人気ブランドとして成長していた「BOTANIST」の製品ならではの信頼で、「My BOTANIST」もすぐに話題になりました。

さらに、2020年にはシリーズ最高峰の高級ライン「BOTANIST PREMIUM」もリリース。

2017年にはBOTANISTの世界観を味わえる、実店舗を原宿にオープンしています。BOTANISTを中心としたナチュラルでオーガニックな商品のセレクトショップと、オリジナルメニューを提供するカフェを併設。単なるシャンプーブランドではなく、ライフスタイルブランドとして、スキンケア用品なども展開しています。

レッドオーシャンの女性向け消費財領域に新規参入し、瞬く間に大ヒットした背景には、徹底的な顧客分析とブランディングがありました。当時、一部の流行に敏感な層だけが使っていたInstagramをマーケティングツールに活用し、顧客とコミュニケーションを取りながらブランドを成長させていきました。今では当たり前となった「映《ば》える文化」やインフルエンサーというカルチャーを生み出したBOTANISTは、オンラインで認知を拡大してからオフラインに展開する、まさにD2Cの真骨頂といえるでしょう。

第5章

成功するD2C企業の作り方

最強なD2C企業を作るための8つのメソッド

これまでの章で、D2C企業の魅力やメリットを事例などをもとに解説してきました。この章では、実際にD2Cの考え方に根ざした企業を作る場合、最低限行うべきことをまとめた8つのメソッドを中心に、D2C企業の作り方を提案します。

8つのメソッドは、これまでの私のサポート事業および取材を踏まえて、多くのD2C企業が行っている施策をまとめたものです。

具体的な施策については次節で解説します。

これらはもちろん「過去の施策」をもとにまとめたものです。この8つから外れるものも、顧客体験を向上するものでしたら、どんどん取り入れていってください。

メソッド①　継続的に買いたくなる商品・ブランドを作る

D2Cブランドの難しい点は「品質のごまかしが利きにくい」ことです。成熟した市場の中で、顧客はユーザーとしての体験はもちろん重視しますが、根底にあるのは「良いものが欲しい」という感情です。多くの場合、「一般的な製品より品質が高い」ことが求められるのは当然でしょう。**逆にいうと、「品質」という武器がないまま、D2Cブランドを構築するのは困難です。**

理想的には、これまでになかった「体感や実感」など明らかな違いがある商品が望ましいです。それがないのであれば、D2Cという立ち位置でのビジネスは見直したほうがよいでしょう。

また、もうひとつ重要な点は、商品自体を「一度買ったら継続的に買いたくなる」設計にすることです。

メソッド② 消費者が得る「価値」を明確にアピールする

どんなに良い商品でも、多くの顧客は「これまでの製品やその製品を購入した際の体験との差」でのみ商品を評価します。商品を手にした時に得られる価値や体験を想定して、明確化する。そのコンセプトにもとづいて、戦略を立て、アピールしましょう。

理想的には、商品自体の質や機能、サービスがこれまでのものとはまったく異なるのが、一目で認識できることです。しかし、「目」でわからなくても、たとえば「履き心地」「飲んだ後の感覚・体調」など、顧客が感じる価値を具体的に定義し、販売計画として打ち出しましょう。

メソッド③ 商品発売前から熱烈なファンを作る

Ｄ２Ｃマインドを持つ消費者とは、その製品を熱狂的に愛し、また口コミ、ＳＮＳなどで広げてくれる広報担当的なユーザーを指します。起業用語のイノベーター理論では、「イノベーター」や「アーリーアダプター」と呼ばれる層になります。イノベーターは商品開発前から存在するのが望ましく、取材した企業にも多かったですが、「まずはメディアを持つ」「まずはYoutubeチャンネルを持つ」など、商品開発の前にある物語自体にファンが付くことが多いです。

メソッド④　インターネット上で直接の集客・販路を持つ

ブランド価値を伝え、継続的に顧客と接点を持つ場としての売り場を確保しましょう。まず「自社ストア」をインターネット上に持つことをおすすめします。自社ストアとして望ましい条件は、「継続的な改善と運営に耐えられる」「ＰＲ時などの急なトラフィック増に強い」「自社のブランドを押し出しやすい」などが挙げられます。

２０２１年現在、著者はこれらの条件を非常に高いレベルで満たしている

「Shopify」というプラットフォームの利用を勧めております。Shopifyにはとくに突出した機能はありませんが、必要な機能が過不足なく備わっていて、たいへんバランスの良いシステムです。アプリなどを追加していくことで、随時、必要な機能を実装できるところも魅力です。

メソッド⑤　同一業種の大手と違う目線でスタートする

新製品を開発する場合、もちろんこれまでとは違う価値・性能の商品を開発するのは当然ですが、単に価値・性能が違うのではなく、「新しい目線」に立っている点がD2C企業には求められます。言い方を変えると、**同じ課題に対して、これまでと違う目線での解決のアプローチをするのがD2C企業**ともいえるでしょう。

つまり「コンテキスト」(文脈)の置き換えが大事だということです。

文脈を変える、目線を変えるのは、製品だけではなく、自社企業やブランド自体(ブランディング)にもいえます。

「われわれは何なのか?・=われわれはこんな違う目線を持っている」を明確に押し出すことで、ブランドの「真正さ」も含めた、これまでとは違う自分たちの「企業思想」をアピールできます。

メソッド⑥　自社発もしくは自然発生的なコミュニティを作る

D2C企業にとって、顧客の「声」を直接聞くことは命題ともいえる重要事項です。アンケートや市場調査などで得られる、バイアス（この場合、アンケートに答えるときに真意と違うことを答えること）がかかった答えではなく、顧客が自然に考えたことや、顧客が抱えている相談事などを収集する方法として、コミュニティを持つことは非常に有益です。

メソッド⑦　「コト提案」を強く押し出す

D2Cな製品とそうでない製品を単純に分けるとすると「その先の体験＝コト」が明確かどうか。また、それをきちんと戦略として打ち出しているかが挙げられます。商品のパッケージ一つ、チラシ一枚も含めて、ブランディングによって統一感のあるメッセージで「どう売りたいか」ではなく、「どう使って欲しいか」を強く押し出し、製品を使うことで得られる顧客のプラスの変化、メリットをアピールします。

メソッド⑧　顧客と同じ目線で語り、顧客の声を聞く

D2C企業の原動力は、顧客でありブランドのファンです。彼らと直接コミュニケーションを取るには、彼らと同じ目線で語り、課題を共有し、共に「共感した未来＝哲学」を導き出し、向かっていく姿勢が必要です。

顧客との接点を作るときに、「提供側」と「受け取る側」の垣根を可能な限りなくし、「一緒にブランドを作り上げる」という意識のファンをつくる必要があります。

負けないD2Cブランドを作るための具体的な施策

8つのメソッドはあくまでも「やるべきこと」を示したものです。つまり理念に近いものです。では、それを実際の施策に落とし込んだ際の手法を見ていきましょう。

クラウドファンディングで「同じ目線のファン」を作る

クラウドファンディングとD2Cは非常に好相性です。

その理由は、資金調達の面はさることながら**「同じ目線のファン」という、創業前の段階から事業にアドバイスやフィードバックをくれる、お金には代えがたい仲間を作ることができるからです。**場合によっては価格の設定も含め、「仲間とファンづくり」を目的にクラウドファンディングを行うこともおすすめです。大切なのは「一体感」です。

座談会（商品相談会）を開く

商品自体を手に取ってもらい、顧客の声を聞く会を催します。できるだけフラットな声を集めるために、SNSなどで同じ悩みなどをコメントしている方に直接アプローチをするのが成果が上がりやすいでしょう。

この取り組みは、特にクラウドファンディングを行わない企業の場合、実施を強く推奨します。座談会は、顧客の声を聞くというメリットももちろんありますが、「仲間とファン」に直接出会う千載一遇のチャンスです。

ＳＮＳを活用した販促方法を確立する

Ｄ２Ｃブランドの販促活動といえば、各種ＳＮＳを活用した施策です。

Ｄ２Ｃメソッドの「熱烈なファンを生む」「コミュニティを作る」ためには必須の施策です。その中でも、Ｄ２Ｃブランドを立ち上げた後にまずはじめるべきＳＮＳは、「Twitter」と「Instagram」です。「Twitter」は文字数に制限がある分、気軽にファンと交流が持てます。また、いわゆる「バズる（記事が受けて多くのユーザーに広がる）」時の拡散力が非常に高いです。ＳＮＳは、その過程の中でただ人とつながり合う場という意味合いを超えて、「情報と出合う場所」という機能性を帯びてきています。

時代は「ググる」から「タグる」へと移行しつつあります。つまり検索キーワードで検索するのではなく。ハッシュタグで自分の嗜好を調べる時代です。

日本のユーザーはハッシュタグ検索を世界平均の3倍使うといいます。またハッシュタグそのものは「Twitter」の中での利用によって市民権を得たといわれますが、日本のユーザーは大喜利のようなお題に対して、みんなの答えを募っていくような使い方はもちろん、あるテーマにハッシュタグを冠して意見を発信していくようなユニークな使い方も広く行っています。

すなわち、日本は〝タグる文化〟の中心地なのです。

このようなユーザー側の情報行動の普及と呼応するように、Instagramも２０１７年12月のアップデートによって、ハッシュタグをフォローすることが可能になりました。これにより、「#パンケーキ」など、テーマごとにシェアされたものをチェックするようになっていきました。

タグることで、ググって出会うウェブページより信頼性がある、リアルタイムのたくさんの情報を入手できます。

Instagramは、写真をベースにしたコミュニケーションになるため、ブランドのイメージを強く消費者に訴えることができます。また、**現在では直接購入する機能(Shop Now)があるため、大きな販路の一つとなっています。**

「インスタライブ」の底力

Instagramには簡単に生放送（ライブ配信）ができる「インスタライブ」という機能があります。これはファンとフラットにつながる方法として、非常に効果的です。

身長155センチ以下の小柄な女性をターゲットにしたD2Cファッションブランド「COHINA（コヒナ）」は2018年1月の本格デビュー以来、右肩上がりに売上が推移し、2019年3月には月商5000万円を突破しました。

とくに、ライブ動画を活かしたInstagramの運用法で注目されています。

身長148センチの創業者が「本当に欲しいと思う服を低身長でも着こなせるサイズで作りたい」との思いから始動。インスタライブ機能を使い、155センチ以下の15人のスタッフが日替わりで出演するインスタライブを毎日連続で配信を続けました。

その結果、現在Instagramフォロワーは15万人以上となり、濃いファン作りに成功しています（12〜59ページのインタビュー記事参照）。

ライブコマースでの販売で「いまを売る」

運営者自身や、インフルエンサー（ライバー）などが商品をリアルタイムで紹介する動画を放送し、消費者がそのシステムの機能の中で買い物を完了できる機能を**ライブコマース**といいます。

リアルタイム性と、「ここでしか、いましか買えない」という状況から、強く購買動機を刺激できます。

現在、中国で非常に大きく発展しており、2019年の調査データでは、中国のライブコマースの市場規模は約4300億元（約6・4兆円）。**今後は市場規模がさらに拡大すると予想されています。**

宝飾品や車をはじめとした高額商品から、最近ではなんと不動産までが取り上げられており、コロナ禍でさらに人気が出ている市場です。

定期通販（サブスクリプション）の販売で囲い込む

商品を一回買って終わりではなく、定期で半永久的に商品を販売するモデルを、**定期通販（サブスクリプション・サブスク）**といいます。

事業者側のメリットとして、顧客を積み上げる形で営業をするため、売上予測が立ちやすく、消費者のメリットとして、「どうせ買うもの」が定期的に届くため、毎回の購入が楽になる点があります。また、単純に毎月同じものが届くだけでなく、毎月おすすめ商品が届くなど、新しい体験を提供できます。実際継続したいと思える商品を作り、継続契約を取るという意味では、まさにＤ２Ｃ的な販売方法といえます。

継続的に購入してもらうことでＬＴＶが高くなるこの定期購入型サービスは、長期的に顧客と関係を築くことができるため、Ｄ２Ｃブランドの多くが採用している売り方です。一度顧客を獲得すれば、その後の売上が安定しやすく、顧客の囲い込みにつながります。

　このサブスクリプション自体は昔からある販売方法ですが、近年再注目されている背景には、消費者の意識が「持つこと」から「使うこと」「体験すること」に価値を感じるようになったことが挙げられます。豊かさの尺度そのものが、「所有」から「体験や経験」に変化し、ミニマムな生活スタイルを選択する人が増えたことも関係しています。

ポップアップストア・シェアストアでの販売

　デパートや駅の一角を借り、期間限定で出店する店舗を**ポップアップストア**といいます。

　期間限定でかつ、ある程度固定した設備が提供されるため、正規に出店をするのに比べコストがかからず、また、直接顧客の反応を確かめることができるため、多くのD2Cブランドが出店しています。

　ポップアップストアで販売する一番のメリットは「自分の商品は市場で受け入れら

れているのか?」を実感できる点にあります。ポップアップストアは、多くのバイヤーや、ベンチャーキャピタル、その他多くの関係者が注目をしており、もしあなたの商品に強い魅力があるなら、彼らから機会の提供や引き合いを受ける場にもなるでしょう。

また、ネット販売の最大の課題である「手で持って確認できない」という顧客側の課題も解決ができます。特にアパレル商品など、実際の質感やサイズ感を見ることができます。

ポップアップストアはファンにとって「直にブランド発信者たちに会える」場でもあります。できるだけフラットにやり取りができる場をつくり、新たな関係が作れるような場を構築するのが理想的です。

アフィリエイト広告はなぜ「毒まんじゅう」なのか?

アフィリエイト広告とは、主にアフィリエイトＡＳＰと呼ばれるサイトで商品の情報を登録することで、そのサイトに登録している個人などのサイトやソーシャルメディアで商品が宣伝がなされ、商品が売れるごとに報酬を支払う仕組みをいいます。

国内で代表的にD2C企業と呼ばれている会社の中でも、アフィリエイト広告を多用している企業はたくさんあります。多くのD2C企業の中でも「アフィリエイト広告を主軸にするかどうか?」はある種の踏み絵になっており、人によっては「毒まんじゅう」と表現する人もいます。なぜアフィリエイト広告を出すことがそこまでインパクトがある行為なのでしょうか?

それは、**D2Cが本来大切にしている、「ブランド価値を毀損《きそん》する可能性」「製品への執着の否定」「直販・ユーザーと対話するビジネスモデルの否定」という、D2Cであること自体を否定するようなリスクが内在するからです。**

アフィリエイト広告は掲載内容にある程度の縛りを設けることができます。しかし、多くの収益を期待する場合、この縛りを緩くし、外部アフィリエイターが好きにサイトを作れる余白を作る必要があります。

縛りを緩くすると、想定外の内容が記載される可能性があります。そもそも「アフイリエイトっぽいサイトで広告を出している」だけで、「製品やブランドそのもの」に対する顧客の信頼を毀損する可能性があります。

ここまで書いていて、「こんなデメリットだらけのことをする必要があるのか?」と思われる方もおられると思います。

それでも、アフィリエイトには大きな魅力があります。

「誰かが使った体験や感想」はやっぱり強い

まず第一に、**「通常の広告では難しい強い訴求力」**があります。消費者の多くには、広告ではなく「誰かが使った体験や感想」を良しとする傾向があり、これらを強く表現した記事なりが自動で量産される仕組みは非常に魅力的といえるでしょう。

第二に、**「オフィシャルでは書けないことが書ける」**が挙げられます。多くのジャンルで、誇大広告などのグレーゾーンが存在しますが、オフィシャルサイトに書けない表現も外部業者なら好きに書いてしまう傾向があります。

しかし、これは多くの場合、望ましくなく、特に法律に関わる部分が多い商品の場合、強めに制限をかける必要があります。

第三に、**「実際の利用者の体験談」を一気に多く見せられる点**が挙げられます。同じ商品名で検索エンジンなどを検索をした時に、ポジティブなことを書いているサイトが並ぶ状態を作ることができます。

消費者の多くが、「誰もが良いと思っている商品は良い」と感じる傾向があり、アフィリエイトに出稿する大きなメリットの一つになります。

このようにアフィリエイト広告には大きなメリットとリスクが存在します。ビジネス的な戦略に合わせ、適宜検討してみてください。

王道的なＤ２Ｃ企業を良しとされる考え方の人にとっては、アフィリエイトも含めた広告自体が眉をひそめる対象でしょう。しかし割合はともかく、消費者の一部は「アフィリエイトサイトの広告や評価を経由して買いたいと思っている」のも事実です。「顧客の消費活動の成熟」がＤ２Ｃの土壌の一つですが、実際まだそこまで成熟をしていないのも現状です。顧客が望む体験を提供するというのもＤ２Ｃが持つべきスタンスと考えるのであれば、事業戦略の一環としてアフィリエイト広告にも検討の余地があると思います（急成長が望めますし、悪い手ではありませんが、くれぐれもリスクがある点だけは忘れないでください）。

おわりに

本書は、Ｄ２Ｃという言葉は知っているものの、その本質的な価値に気づいていない人が、「こんな面白い考え方や手法で強いビジネスが作れるのか」と気づく第一歩をお手伝いしたいと考えて書きました。

紙面でご紹介したブランドや商品については、すでに見たことがあるものや、すでに持っているものもあったのではないでしょうか。

Ｄ２Ｃ的な考え方はあらゆるジャンルで浸透しており、もはやＤ２Ｃはバズワードでも、難しいマーケティング用語でもありません。

売り手と買い手がこれまで以上に密接につながり、ともに成長していくビジネスモデルです。今後もあらゆる業界で「Ｄ２Ｃモデルの成功事例」が誕生するでしょう。

本書を手にしていただいたあなたに、心から感謝申し上げます。
あなたのビジネスが提供する体験に、一人でも多くの方が賛同され、素晴らしい商品が多くの方に届くよう願っております。

角間実

【著者プロフィール】
角間 実（かくま・みのる）
デザインエンジニア／IT事業創造コンサルタント
株式会社フルバランス代表取締役
Shopify 公認エキスパート

滋賀県出身。慶應義塾大学大学院メディアデザイン研究科卒（メディアデザイン学修士）。20代より、IoTの先駆けとなったセンサー技術を活用したインタラクティブなコミュニケーション技法を提唱。現在のFINTECHの予兆を捉えた金融システムサービスや、OS向けドライバー開発などの技術開発に携わるなど、インターネットの黎明期から頭角を現す。2002年、国営放送系のテレビ制作会社にて最高技術責任者に就任。同社にて、デジタル放送コンテンツ、テレビ番組連動型コミュニティサイト、大手飲食店チェーンのシステム開発やサーバー設計に携わった。現在は自社にてシステムインテグレーション事業を拡大。ECサイト構築ほかEコマース事業を推進するとともに、早稲田大学政治経済学術院招聘研究員を兼務。データサイエンティストとしてソーシャルメディアから得られるビッグデータ解析をもとに社会動向を分析する研究に参画。次世代ECを推進するD2C企業へのサポート業務として中小企業から大手企業まで、幅広くコンサルティングなどに尽力。Shopify 公認エキスパートとして、各種講演、ネットストアの企画・制作事業、Shopify 独自・公式アプリ開発を進めている。日本ルエダ協会理事。著書『商品売るならShopify』（フォレスト出版）。

◎株式会社フルバランス
https://fbl.jp/

顧客をつかんで離さないD2Cの教科書

2021年3月6日　　初版発行

著　者　角間　実
発行者　太田　宏
発行所　フォレスト出版株式会社
〒162-0824 東京都新宿区揚場町2-18　白宝ビル5F
電話　03-5229-5750（営業）
　　　03-5229-5757（編集）
URL　http://www.forestpub.co.jp

印刷・製本　日経印刷株式会社

ISBN978-4-86680-113-1　Printed in Japan